世界哲學家叢書

阮　　籍

辛　旗著

1996

東大圖書公司印行

國立中央圖書館出版品預行編目資料

阮籍／辛旗著. --初版. --臺北市：東大發行：三民總經銷，民85
面； 公分. --(世界哲學家叢書)
參考書目：面
含索引
ISBN 957-19-1911-X (精裝)
ISBN 957-19-1912-8 (平裝)

1.(三國) 阮籍-學術思想-哲學

123.1 85004272

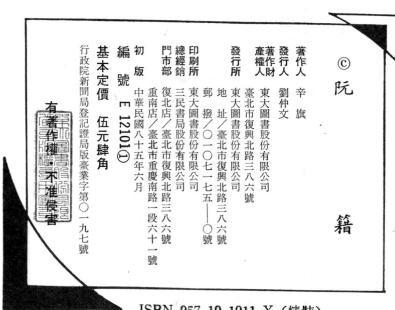

阮籍

著作人 辛旗
發行人 劉仲文
著作財產權人 東大圖書股份有限公司
臺北市復興北路三八六號
發行所 東大圖書股份有限公司
地址／臺北市復興北路三八六號
郵撥／〇一〇七一七五──〇號
印刷所 東大圖書股份有限公司
總經銷 三民書局股份有限公司
門市部 復北店／臺北市復興北路三八六號
重南店／臺北市重慶南路一段六十一號
初版 中華民國八十五年六月
編號 E 12101①
基本定價 伍元肆角
行政院新聞局登記證局版臺業字第〇一九七號

ISBN 957-19-1911-X (精裝)

「世界哲學家叢書」總序

本叢書的出版計劃原先出於三民書局董事長劉振強先生多年來的構想，曾先向政通提出，並希望我們兩人共同負責主編工作。一九八四年二月底，偉勳應邀訪問香港中文大學哲學系，三月中旬順道來臺，即與政通拜訪劉先生，在三民書局二樓辦公室商談有關叢書出版的初步計劃。我們十分贊同劉先生的構想，認爲此套叢書（預計百册以上）如能順利完成，當是學術文化出版事業的一大創舉與突破，也就當場答應劉先生的誠懇邀請，共同擔任叢書主編。兩人私下也爲叢書的計劃討論多次，擬定了「撰稿細則」，以求各書可循的統一規格，尤其在内容上特別要求各書必須包括(1)原哲學思想家的生平；(2)時代背景與社會環境；(3)思想傳承與改造；(4)思想特徵及其獨創性；(5)歷史地位；(6)對後世的影響（包括歷代對他的評價），以及(7)思想的現代意義。

作爲叢書主編，我們都了解到，以目前極有限的財源、人力與時間，要去完成多達三、四百册的大規模而齊全的叢書，根本是不可能的事。光就人力一點來說，少數教授學者由於個人的某些困難（如筆債太多之類），不克參加；因此我們曾對較有餘力的簽約作者，暗示過繼續邀請他們多撰一兩本書的可能性。遺憾的是，此刻在政治上整個中國仍然處於「一分爲二」的艱苦狀態，加上馬列教條的種種限制，我們不可能邀請大陸學者參與撰寫工作。不過到目前爲止，我們已經獲得八十位以上海内外的學者精英全力支持，包括臺灣、香港、新加坡、澳洲、美國、西德與加拿大七個地區；難得的是，更包括了日本與大韓民國好多位名流學者加入叢書作者的陣容，增加不少叢書的國際光彩。韓國的國際退溪學會也在定期月刊「退溪學界消息」鄭重推薦叢書兩次，我們藉此機會表示謝意。

原則上，本叢書應該包括古今中外所有著名的哲學思想家，但是除了財源問題之外也有人才不足的實際困難。就西方哲學來說，一大半作者的專長與興趣都集中在現代哲學部門，反映著我們在近代哲學的專門人才不太充足。再就東方哲學而言，印度哲學部門很難找到適當的專家與作者；至於貫穿整個亞洲思想文化的佛教部門，在中、韓兩國的佛教思想家方面雖有十位左右的作者參加，日本佛教與印度佛教方面卻仍近乎空白。人才與作者最多的是在儒家思想家這個部門，包括中、韓、日三國的儒學發展在內，最能令人滿意。總之，我們尋找叢書作者所遭遇到的這些困難，對於我們有一學術研究的重要啓示（或不如說是警號）：我們在印度思想、日本佛教以及西方哲學方面至今仍無高度的研究成果，我們必須早日設法彌補這些方面的人才缺失，以便提高我們的學術水平。相比之下，鄰邦日本一百多年來已造就了東西方哲學幾乎每一部門的專家學者，足資借鏡，有待我們迎頭趕上。

以儒、道、佛三家爲主的中國哲學，可以說是傳統中國思想與文化的本有根基，有待我們經過一番批判的繼承與創造的發展，重新提高它在世界哲學應有的地位。爲了解決此一時代課題，我們實有必要重新比較中國哲學與（包括西方與日、韓、印等東方國家在內的）外國哲學的優劣長短，從中設法開闢一條合乎未來中國所需求的哲學理路。我們衷心盼望，本叢書將有助於讀者對此時代課題的深切關注與反思，且有助於中外哲學之間更進一步的交流與會通。

最後，我們應該強調，中國目前雖仍處於「一分爲二」的政治局面，但是海峽兩岸的每一知識份子都應具有「文化中國」的共識共認，爲了祖國傳統思想與文化的繼往開來承擔一份責任，這也是我們主編「世界哲學家叢書」的一大旨趣。

傅偉勳　韋政通

一九八六年五月四日

自　序

阮籍是個獨特的歷史人物。現在人們對他的瞭解大多限於「飲酒無度、歌哭無端、言行怪異」，粗通文學史的人知道他是「竹林七賢」之一，詩文俱佳，留下不少哀傷的五言詠懷。的確，中國文學史已經給了阮籍很高的地位，相比之下思想史方面對他的研究尚屬薄弱，原因之一是長期以來認爲他的思想「不精緻、缺乏抽象思辨的成分」，故而「難對他使用的哲學概念的涵義做出準確的判斷」。當然，這種判斷的不確定也產生了學術界對阮籍思想研究的分歧。

研究阮籍若單獨看他的言行、思想、著述，得出上述認知是可以理解的。問題在於他是魏晉那個特定時代的特殊哲人。在距今一千七百多年前，那時知識份子爲求安身立命在肉體和精神上所經歷的苦痛，是生活在今天的人們難以理解的。從此意義上講，將阮籍思想與魏晉時代背景密切關聯，該是進入他精神世界的鑰匙。他的時代猶如一把銹跡、血跡斑駁的鐵鎖，一旦打開、簧聲宛然，深邃之中珍藏的奧秘驚心動魄，有些竟與當今的時事那麼的相似。阮籍不會爲取悅於後人，把詩文和思想浸滿愁悵、玄機和隱晦；也不會刻意建構什麼「體系」。他的思想是那個時代「自我意識」、人格覺醒後又倍感壓抑的曲折流露。他的外在言行與內在精神激烈地衝突，這種痛苦非酒無以麻醉，非詩無以表達，非深深地體驗無從理解。

我對阮籍的研究開始於1990年10月爲文津出版社撰寫《中國歷代思想史・魏晉南北朝隋唐卷》。在那通論式的著作裏，對他「點到爲止」，一方面因篇幅所限，另一方面也深感弄清他的思想非得對魏晉時代徹底釐清不可。1992年6月，我在北京與通信數年的韋政通教授見了面，那次長談中韋教授提起了他和傅偉勳教授合作主編的「世界哲學家叢書」，希望我能撰寫阮籍評傳。這使我終於有了深入研究阮籍的機會。但是，以後的寫作過程卻是斷斷續續，其間我數次赴日本、臺灣訪學，尤其是1994年赴臺灣政治大學客座研究前後百日，幾乎無法在思緒上重回魏晉時代。每次回到家來續寫書稿，我都要以極大的毅力摒除諸事的紛擾，每每是書中人物的處境、憂思與現世的雜亂無章令我心神難定，面臨著與阮籍所講「萬事無窮極，知謀苦不饒」的同樣心境。那些日子裏，我白天去辦公室「如天下蒼生何」，晚上或節假日星期天坐在書房中「自造山林」，角色的變換，幾令我覺不出「儒道互補」究竟有何種樂趣。然而，對阮籍的深深理解與佩服，終使我從1993年12月至今天，寫成此書。全書共十一章，可按內容分爲四個部分：

前三章爲第一部分，著重寫阮籍的生平、著作，他與魏晉玄學思潮的關係。其中第二章專門探討那個時代的經濟、政治和社會習俗，以期把阮籍思想的研究放在一個大背景之中。前三章大致勾勒出阮籍思想的質料、淵源和發展變化的脈絡，對他學說與其他派別的異同以及他思想鮮明特色的成因做了分析。

第四章至第八章爲第二部分，論述了阮籍整體思想的基本特徵。從自然本體論、政治思想、倫理思想、美學思想、文學思想等多方面做深入的探討。此部分所闡示的是：阮籍思想的主旨在於關注人與社會、自然的關係。他「萬物一體」的自然論，強調宇宙的統一性。並非像學術界所講是從王弼的「貴無論」之抽象的「無」，回到王充具體有形的「氣」的自然論。他論述人與自然界運動規律是相通的，「道」是規律，「神」是規律對人主體認知的莫測性，調和了儒家和道家的自然本體學說。阮籍的政治思想重視歷史的自然演進，以「萬物一體」否定君主的地位，倡導「無君論」，把「自然」與「名教」對立起來，批判「名教」是「誠天下殘賊、亂危、死亡之術」，這在以往哲人是罕見的。阮籍的倫理思想是崇拜自然爲基點的絕對向善的倫理意識，他塑造「大人先生」爲自然倫理的體現，不僅爲了反抗禮教，也爲了抵禦生命欲念中對死亡的恐懼，爲心靈在現世的流變和亙古的孤寂中找到歸宿。阮籍的美學思想表現了魏晉知識份子在主體意識高度發達之下的敏銳的審美能力，對審美體驗做相當完整的內省式描述，可說是阮籍在美學方面的重要貢獻。阮籍的文學思想不僅繼承了「建安文學」的「慷慨多氣」，古詩十九首的生命感傷，還開拓了主體感受的「道德情感」領域，使其頗具特色的文風爲後世所追求、仿效。

阮籍的思想標示了中國思想發展史上生命人格主體意識第一次全面甦醒。如果說屈原、孔子的哲理人生觀仍囿於政治人格、社會道德，那麼到阮籍這裏就進入了純粹與自然融合，以自然法則爲道德之源的「大生命層面」。

第九章爲本書的第三部分，這樣單列是因爲那個時代殘酷的政治現實，使阮籍的諸多思想不便以理論的方式來表達，只好訴諸於情感恣肆流露的詩歌形式，隱匿在八十二首五言〈詠懷詩〉之中。第九章著重研究阮籍內心體驗、時代精神與詩歌創作的關係，揭示當時知識份子普遍的心理感受，從中可見阮籍在中國詩歌史上有不可忽視的地位和影響。

本書最後兩章爲第四部分，第十章對阮籍之後的玄學發展做了一番論述，羅列了歷代名家對阮籍的評價，並結合魏晉時期思想大解放大變革，圍繞「理想人格」、「自然與名教關係」等重大問題，探究阮籍的歷史地位。強調他在思想史上的突出貢獻在於：在人格、人性之中加入與自然合一的大生命意識，把道家的「自然無爲」之說與儒家的「仁恕」之論，在人性向善、自然倫理與人性本應合一的理念中結合起來。爲後來唐宋儒學復興，建構「道德理性」哲學並吸收佛教、道家理論做了準備。

第十一章我覺得是全書最難寫的一章，我以學生應考的心情，耗費了二十個難眠之夜才完成。阮籍的思想留給現代人們是什麼樣的啓示！是反社會、反道德的傾向？是悲苦的心靈與肉體自殘？還是在逆境中自造歸隱的岩穴與避風港？若從哲理的層面回顧阮籍的一生、著述和那個時代，那些被古老概念外殼籠罩的永恆之光會耀耀地浮現出來：那就是人生命的意義。儒道兩家都有自己詮釋的概念系統和行爲規範，阮籍也曾嘗試過實踐這兩家的教誨，他畢生都在試圖解答「人爲什麼活著」的問題。他啓迪我們的是：人的「道德理性」、「道德情感」和「社會性道德」，應當符合人類總體生存的要求和人性。在物欲横流、自然遭到極大的破壞、人與自然關係益形緊張的今天，人類有責任自覺加固「道德理性」和內在人格的哲學根砥，培養道德自覺能力和向善的意識、意志，更好地與社會協調，與自然共處。

一本書的產生往往端賴於前輩學者的提攜與鼓勵。我要特別感謝韋政通教授、傅偉勳教授的「創緣」；感謝容肇祖教授、姜國柱教授的栽培和鞭策，是他們使我有信心深入研究魏晉思想史；感謝已故的陳伯君先生留下的「尋奧探幽」、校勘釋解堪稱精湛的《阮籍集校注》，有了這個好的阮籍著作版本，我才得以親近阮籍，和他做超越時空的心靈交談。這本書的寫作過程中我常想起一句古訓：「讀聖賢書所學何事，而今而後，庶幾無愧。」是爲序。

辛　旗

1995年5月7日

於北京復興門外寓所「彝堂」

阮　籍

目　次

第一章　阮籍的生平與著作

第一節　家世與家人

阮籍，字嗣宗，陳留尉氏（今河南開封市東南）人。生於東漢獻帝建安十五年（210年），卒於魏常道鄉公景元四年（263年）。論及阮籍家世，「諸阮前世皆儒學」，「阮仲容（阮咸、籍庶兄熙之子）與阮步兵（阮籍）居道南，諸阮居道北，北阮富，南阮貧」❶。可知阮籍家非富豪，「七月七日，北阮盛曬衣服，皆錦綺粲目。咸以竿掛大布犢鼻於庭，人或怪之，答曰：『未能免俗，聊復爾耳！』」❷。阮籍之父阮瑀(約165－212年)，字元瑜，曾受學於「好辭章數術天文，妙解音律」的經學大師蔡邕(132－192年)❸。阮瑀「善解音，能鼓琴」❹，被曹丕歸入「今之文人」——建安七子之列❺。建安年中，都護曹洪聞

---

❶據《世說新語·任誕》引〈竹林七賢論〉。
❷《晉書·阮咸傳》。
❸《後漢書》卷六十下，〈蔡邕傳〉。
❹《三國志·魏志》卷二十一，〈王粲傳〉注引〈文士傳〉。
❺曹丕《典論·論文》：「今之文人，魯國孔融文舉、廣陵陳琳孔璋、山陽王粲仲宣、北海徐幹偉長、陳留阮瑀元瑜、汝南應瑒德璉、東平劉楨公幹，斯七子者於學無所遺，於辭無所假，咸以自騁驥騄於千里，仰齊足而並馳。」

其才，欲請他做書記，不肯應聘。後來曹操(155－220年)也派人徵召，不得已勉強出任司空軍謀祭酒，與陳琳(？－217年)共掌記室，後又轉任倉曹掾屬❻。阮瑀長於書記章表，文采綺麗，思路敏捷，曹操的許多軍國表章、書信，甚至個人名義的文賦、詩篇多是阮瑀的手筆。如建安十六年，隨曹操征馬超時，奉命於行軍途中作書與韓遂，在馬上具草呈閱，曹操執筆端視良久，竟無從增減一字。曹丕(187－226年)在〈給吳質書〉中贊譽道「元瑜書記翩翩，致足樂也」。

阮瑀體弱，不勝鞍馬勞頓❼，於建安十七年(212年)病逝，留有文賦數十篇❽，當時阮籍僅三歲，寡母孤兒相依爲命，景況甚爲淒慘。曹丕哀其孤寡，曾作〈寡婦賦〉以寄悲情，序曰:「陳留阮元瑜，與余有舊，薄命早亡，故作斯賦，以敘其妻子悲苦之情。」又命王粲等人並作詩賦❾。這些詩賦描述了阮籍母親含辛茹苦，撫養幼子的悲苦，正因爲母親教養及悲苦的童年，使阮籍日後雖率性不循常禮，但秉性至孝。

阮籍的兄長名熙，曾任武都太守❿，生平不可詳考，從阮籍字「嗣宗」(傳續本宗之義)，以及曹丕、王粲(117－217年)的〈寡婦賦〉中有「撫遺孤兮太息，俛哀傷兮告誰?」，「提孤孩

---

❻《三國志·魏志》卷二十一，〈王粲傳〉。

❼阮瑀曾作〈失題〉詩言自己的身體:「白髮隨節墮，未寒思厚衣。四肢易懈倦，行步益疏遲。常恐時歲盡，魂魄忽高飛。自知百年後，堂上生旅葵。」

❽張溥《漢魏六朝百三名家集》有〈阮元瑜集〉一卷。

❾賦、詩見張溥《漢魏六朝百三名家集》，〈魏文帝集〉、〈王侍中集〉。

❿《晉書》卷四十九，〈阮咸傳〉。

兮出戶，與之步兮東廂」之句可看出，阮熙不是阮籍的同母兄弟，只是與阮籍關係密切，後同樣名揚仕途的庶兄而已。他與阮籍的親密，可從「嫂歸寧，籍相見與別」⓫的記載中體悟出來。阮熙有二子，長子未見於記載，次子即「竹林七賢」⓬之一的阮咸，因爲他與阮籍同流，故稍加敘述。

阮咸（生卒不詳），字仲容，與阮籍同屬清貧的「南阮」。曾爲散騎侍郎，吏部郎職缺時，「山濤(205－283年)舉咸典選，曰：『阮咸貞素寡欲，深識清濁，萬物不能移。若在官人之職，必絕於時。』武帝（司馬炎）以咸耽酒浮虛，遂不用」⓭。阮咸任達不拘，行爲怪誕且多不合禮度，前述七月七日曬衣之舉爲一例。又如與族人飲宴，用大甕盛酒，衆人圍坐痛飲，微醉之時逢一群豬爬上甕邊，阮咸毫不在意，共飲至醉，同臥甕側。阮咸深愛姑母家的胡人婢女，在他居母喪時，聞其女隨姑母遷居，立即向人借驢，喪服未脫就一路追去，趕上後與胡女共騎一驢回來，有人怪他，他答道：「給我生兒子的人，可不能錯過！」⓮阮咸善彈琵琶（可能得敎於胡女），精通音律，時稱「阮咸妙賞，時謂神解」⓯。後人將他的名字做爲琵琶的別號。阮咸後任始平太守，以壽終。有二子：長子阮瞻，次子阮孚⓰，均有其父遺風。

⓫《晉書》卷四十九、《三國志》卷二十一，〈阮籍傳〉。

⓬《世說新語·任誕》引〈竹林七賢論〉。

⓭《晉書》卷四十九，〈阮咸傳〉。

⓮《世說新語·任誕》。

⓯《世說新語·術解》。

⓰阮孚，字遙集，母爲胡女。其字號爲阮咸姑母取自王延壽〈魯靈光殿賦〉中「胡人遙集於上楹」句。孚爲人神色閑暢、好飲，名列「八達」之一。

爲便於瞭解阮籍家世、家族，特列出阮氏世系表⑰如下：

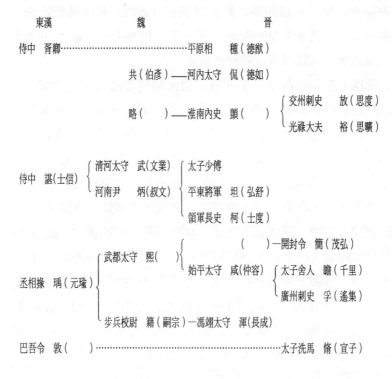

東漢	魏	晉	
侍中 胥卿	……………………	平原相 種（德猷）	
	共（伯彥）	河內太守 侃（德如）	
	略（ ）	淮南內史 顗（ ）	交州刺史 放（思度）
			光祿大夫 裕（思曠）
侍中 諶（士信）	清河太守 武（文業）	太子少傅	
	河南尹 炳（叔文）	平東將軍 坦（弘舒）	
		領軍長史 柯（士度）	
丞相掾 瑀（元瑜）	武都太守 熙（ ）	（ ）	開封令 簡（茂弘）
		始平太守 咸（仲容）	太子舍人 瞻（千里）
			廣州刺史 孚（遙集）
	步兵校尉 籍（嗣宗）	馮翊太守 渾（長成）	
巴吾令 敦（ ）	……………………	……………………	太子洗馬 脩（宣子）

第二節　阮籍的生平

阮籍三歲時成爲孤兒，家境貧寒，在母親的撫育下，八歲就能寫作文章，「籍幼有奇才異質，八歲能屬文」⑱。此時，曹操

⑰參考松本幸男《阮籍的生涯與詠懷詩》，東京木耳社，1977年版。
⑱《太平御覽》引《魏氏春秋》。

剛進號魏王不久，中原稍有安定。阮籍得以在家族爲官治學傳統的影響下，完成早期教育。據阮籍自述，少年時，酷愛詩書，曾立志以儒家的理想，做一番功業。「昔年十四五，志尙好詩書，被褐懷珠玉，顏閔相與期」⑲。同時，又行爲輕薄，善於弦歌，「平生少年時，輕薄好弦歌」⑳。他性格放任、不受拘束，容貌奇偉不凡，傲然獨得，而喜怒不形於色。《晉書》本傳載：

> 或閉户視書，累月不出；或登臨山水，經日忘歸。博覽群籍，尤好《莊》《老》。嗜酒能嘯，善彈琴。當其得意，忽忘形骸。時人多謂之癡，惟族兄文業每歎服之，以爲勝己，由是咸共稱之。

由於族兄阮武的推崇，阮籍十四、五歲已爲世人所知。黃初七年(226年)，他隨叔父去東郡㉑，「兗州刺史王昶(？－259年)請與相見，終日不開一言，自以爲不能測」㉒。阮籍三十歲時，魏明帝死，八歲的曹芳繼位，由宗室曹爽(？－249年)與老臣司馬懿(179－251年)共同輔政。曹爽與司馬懿各懷野心，廣羅黨羽，形成兩大集團。正始初年，曹爽在何晏(195-249年)、鄧颺(？－249年)的謀策之下推行新政，鞏固皇室爲中心的中央集權，自然傷及地方門閥世族的利益。司馬氏集團斂集豪族力量伺機反

---

⑲《阮籍集·詠懷詩其十五》。
⑳同⑲。
㉑據劉汝霖先生考證，王昶任兗州刺史在黃初之末。見《漢晉學術編年》第三册，第111頁。
㉒《晉書》卷四十九，〈阮籍傳〉。

撲，正始年間始終充滿著詭黠、陰森的政治險惡氣氛。由於這樣的政治環境，阮籍對少年時代的求官明志，實踐儒家政治之理想已不抱希望，對「九品中正制」於鄉里選舉名士爲官，態度冷漠。他對曹氏與司馬氏兩大集團請他做官，都婉轉地表示拒絕。正始初年，當時在政治上傾向於司馬氏的魏最高軍事長官太尉蔣濟(？－249年)聽到阮籍的才華，特徵辟他爲掾（太尉屬下幕僚），阮籍不願接受，到都亭（鄉間行政公署）上書，成〈奏記詣太尉蔣濟〉道：

> 伏惟明公以含一之德，據上臺之位，英豪翹首，俊賢抗足。開府之日，人人自以爲掾屬；辟書始下，而下走爲首。昔子夏在於西河之上，而文侯擁篲；鄒子處於黍谷之陰，而昭王陪乘。夫布衣韋帶之士，孤居特立，王公大人所以禮下之者，爲道存也。今籍無鄒卜之道，而有其陋，猥見採擇，無以稱當。方將耕於東皋之陽，輸黍稷之餘稅，負薪疲病，足力不強，補吏之召，非所克堪。乞迴謬恩，以光清舉。

這番推辭，被蔣濟誤以爲要以禮遇聘請，派人接他，而阮籍已離家耕於東皋。蔣濟大怒，阮氏族人恐招禍，力勸阮籍就職，方勉強上任，不久借病辭官還鄉，稱曰：「舊素尫瘵，守病委劣，謁拜之命，未敢堪任。……仲子守志，楚王不奪其灌園。……乞降期會，以避清路，畢願家巷，惟蒙於許。」㉓正始前期，何晏、

㉓《阮籍集校注》卷上，〈辭蔣太尉辟命奏記〉。

王弼(226-249年)援道入儒，主張「名教」與「自然」結合，玄風乍起。隱居鄉里的阮籍亦追隨這一思潮的發展，作〈通易論〉和〈通老論〉，闡發「名教」與「自然」的關係。並由崇尚「自然」進而擴展至行爲踐行方面。把青少年時期的任性，追求時髦、新奇，變爲中年時期的信仰之外化表現。正始中期，與嵇康(224－263年)、山濤、劉伶(生卒不詳)、向秀(約227－272年)等人交遊，開竹林之風。正始九年，做尙書郎時與同職王渾之子王戎(243－305年)交友，他每次去王渾家，尙未坐定就說：「和你說話眞不如找你兒子阿戎聊聊。」㉔當時王戎年僅十五歲㉕，已登「竹林七賢」之列。阮籍與竹林七賢的另外幾位與己年齡相仿者幾乎都在正始中後期出山爲官或受到再度的徵召，好像做官也是實踐其放達曠遠人格的一段必修課程。阮籍做尙書郎不久又以病辭，這時恰好是曹氏與司馬氏集團爭鬥激烈，結果即將見分曉之際。曹爽召他爲參軍，阮籍似乎早已洞見曹氏集團支撐皇權無力，司馬氏取魏而代之的禪讓之戲又將開鑼，故仍以病婉拒，並在這一年的秋天寫作〈達莊論〉㉖。

次年（嘉平元年，249年)，司馬氏集團發動政變，「（正始）十年正月，車駕高平陵，爽兄弟皆從。宣王（司馬懿）部勒兵馬，先據武庫，遂出屯洛水浮橋。……於是收爽、羲、訓、

㉔《世說新語·簡傲》注引〈竹林七賢論〉。

㉕《世說新語·簡傲》注引《晉陽秋》，《太平御覽》卷四百一十引王隱《晉書》、《通志·王戎傳》等都有「年十五而籍與交」的記載。

㉖阮籍〈達莊論〉載：「伊單閼之辰，執徐之歲，萬物權輿之時，季秋遙夜之月。」依陳垣〈二十史朔閏表〉，正始九年（248年）九月朔爲辛卯，故可推知作於此年。

晏、颺、謐、軌、勝、範、當等，皆伏誅，夷三族」㉗。在司馬氏大肆殺戮曹氏黨羽及名士之時，阮籍因政治傾向不明顯而免於災禍，但卻不得不應召做了太傅司馬懿的從事中郎。這一年他寫下了〈詠懷詩〉㉘：

> 湛湛長江水，上有楓樹林，皋蘭被徑路，青驪逝駸駸。遠望令人悲，春氣感我心。三楚多秀士，朝雲進荒淫。朱華振芬芳，高蔡相追尋。一爲黃雀哀，涕下誰能禁。

哀嘆衆多追隨曹氏集團的名士在政爭中遇難。

嘉平三年（251年）司馬懿死，其子司馬師繼大將軍位，次年，四十三歲的阮籍又做了司馬師的從事中郎。或許是司馬兄弟敬仰阮籍的才華，或許是爲了與阮籍結爲親家，爲子輩娶得他美麗的女兒。總之，阮籍官從司馬氏集團後，很快封關內侯，遷散騎常侍，似乎官運通達。這時，魏帝齊王曹芳（生卒不詳）被廢，一批支持皇室的高官及傾向曹氏宗室的名士又遭司馬氏的誅殺。阮籍處境十分窘迫，一方面在政治壓力下做官，委曲周旋，掩飾自己的本意；另一方面又要保全名聲，續延竹林名士的志節及放達。這做起來非常之難，無怪乎阮籍要借當時流行的服「寒食散」㉙（一種士族名士爲養氣修道煉內丹而服用的、具有毒性又能令人產生身心愉悅快感的藥物），飲酒「散發」藥力，以及言語不著邊際，不評價人的是非來逃避現實政治的險惡無常。司

㉗《魏志》卷九，〈曹爽傳〉。
㉘《阮籍集·詠懷詩其十一》。
㉙隋巢元方《諸病源候總論》卷六，〈寒食散發候〉引皇甫謐論。

馬氏需要阮籍做官，以昭世人，他們還是尊崇名士的；而阮籍身為司馬氏的家臣，自知受到很大的屈辱，不得不以飲酒服藥和極端的怪異荒誕行為向人們證明：自己仍然屬方外之人。當然，這種近乎於「自殘」的行為是讓司馬氏在表面上抓不到把柄的㉚。所以說，阮籍把官場視為饗宴豪飲的場所，用自己怪異狂飲的行為在政治風暴的中心營建起自己的山林、自己現世歸隱的避風港。在其四十五歲被封關內侯的這一年，阮籍寫下了〈首陽山賦〉和〈詠懷詩〉其三、其九、其十六等，以寄感傷，其中有「一身不自保，何況戀妻子!」，「嘉樹零落、繁華憔悴」，「素質游商聲，悽愴傷我心」，「小人計其功，君子道其常。豈惜終憔悴，詠言著斯章。」㉛

魏正元二年(255年)，司馬師卒，其弟司馬昭(211－265年)繼大將軍位。阮籍向司馬昭表示曾經到過東平(今山東東平、壽張一帶)，喜歡那裏的風土人情，司馬昭立即拜他為東平相(東平王曹翕的宰輔)。東平王曹翕(生卒不詳)為曹操的孫子㉜，其轄地為當時的文化區，名士雲集。阮籍求去東平為官，既可避開司馬昭初登大將軍位，各方不可避免地勸進及禪讓之鬧劇，又能表示自己為官重在遊歷名景、交結風雅，過放達的日子。果然，「籍乘驢到郡，壞府舍屛障，使內外相望，法令淸簡，旬日

㉚《世說新語·任誕》載：「阮籍遭母喪期間，仍在司馬昭府上飲酒，何曾勸司馬昭以違禮處置阮籍。司馬昭答道，他哀傷如此虛弱，你還不同情憂心？而且他有病吃些酒肉，可以更好地盡執孝禮。」

㉛《阮籍集校注》詠懷五言詩其三、其九、其十六。

㉜曹操幼子、東平王曹徽之子。

而還」㉝。還寫作了〈東平賦〉㉞，抒發感慨，其賦結尾有句：

> 釋遼遙之闊度兮，習約結之常契。巡襄城之閒牧兮，誦純一之遺誓。被風雨之沾濡兮，安敢軒翥而遊署。竊悄悄之眷貞兮，泰恬淡而永世。豈淹留以爲感兮，將易貌乎殊方。乃擇高以登棲兮，永欣欣而樂康。

或許東平並非阮籍「登棲」之所，他過了終日酣飲，不理公事的十幾天後，又回到了魏都城。這次，司馬昭又任命他做大將軍從事中郎，這是個極爲親近司馬昭的僚屬官位，常隨從左右，商議機密及參與草擬文書。阮籍選擇了撰寫《魏書》的工作，這部書是在曹丕執政的黃初年間（220至225年）衛顗（生卒不詳）、繆襲（生卒不詳）奉詔草創，一直未成，與阮籍共同撰著的還有侍中韋誕（生卒不詳）、應璩(190－252年)，秘書監王沈(？－266年)、司徒右長史孫該、司隸校尉傅玄(217－278年)等人㉟。阮籍參與撰寫的時間並不長，個中原由，當可推定：他不願秉承司馬昭的意志歪曲歷史事實。後人曾評價這部《魏書》「多爲時諱，未若陳壽之實錄也」㊱。所以，阮籍又做了一次逃避，其他人也因各種原因未能襄助終了，「其後王沈獨就其業，勒成《魏書》四十四卷」㊲。爲了擺脫司馬昭對他的「厚愛」（用其文

㉝《晉書》卷四十九，〈阮籍傳〉。
㉞《阮籍集校注（陳伯君本)》，〈東平賦〉。
㉟《晉書》卷三十九，〈王沈傳〉。
㊱同㉟。
㊲《史通‧外篇‧古今正史》。

才，欲聘其女），阮籍又求做步兵校尉，這是個文人擔任的榮譽武職，位高權輕，也是阮籍一生做過的最高職位，故後人又稱他爲「阮步兵」。他的理由很簡單：聽說步兵府中廚師善於釀酒，貯存有美酒三百斛。「於是入府舍，與劉伶酣飲」[38]。司馬昭默許阮籍的這些放任的行爲，並順勢命他赴汲郡北山去探訪當時著名的隱士、道教徒孫登（生卒不詳）[39]。司馬昭深知數次政爭殺戮之後，許多政敵或潛在的反對派人士多避之山林，與道教徒相結納。其居心明顯是讓阮籍代其瞭解在野士人的思想動向，阮籍無奈只得從命而往。相見時，任憑阮籍口若懸河，孫登一言不發，甚至目不端視阮籍。直到阮籍下山路上長嘯數聲，孫登亦以幽長美妙的嘯聲迴應，兩人似乎達成了心靈的契合及信任，言談已不那麼重要了[40]。阮籍返後作〈大人先生傳〉抒發自己追求的人格理想。這一年他的母親去世了，性至孝的阮籍在其後的三年裏以幾乎是自殘身體、無視健康甚至性命的極端方式爲母親守孝，以報撫育宏恩。

阮籍五十一歲這一年（甘露五年，260年），司馬昭指使部下殺魏帝高貴鄉公曹髦(241－260年)，改立常道鄉公曹奐(246－302年)，晉代魏之勢已昭然若揭。阮籍更沈醉於酒中，加之曾爲母守孝三年，身體極爲虛弱。當年（正始中期）竹林交遊之七賢此時因不同的政治傾向，遭遇各異，而且相互關係業已疏遠，七人中的代表人物阮籍與嵇康幾近分道揚鑣的地步。次年，在嵇康給山濤寫下絕交書[41]，公開拒絕司馬昭的徵召，表明自己的政治

---

[38]《世說新語·任誕》引〈文士傳〉。
[39]《世說新語·棲逸》注引〈文士傳〉。
[40]《世說新語·棲逸》注引《魏氏春秋》。
[41]《嵇康集·與山巨源絕交書》。

態度之時，沈緬於酒的阮籍在精神近似於恍惚的狀態下，做了一件有悖他一生追求放達理想的事情。當時，司馬昭在受封晉公，食邑八郡，加九錫之後數年間，假意推辭九次的情形下，司空鄭沖（生卒不詳）等公卿阿諛勸進，表示效忠，事先約定請阮籍主筆撰寫勸進表。阮籍恰好大醉於嵇康的好友袁準（孝尼）（生卒不詳）家中，使者催其即刻擬稿，「宿醉扶起，書札爲之，無所點定，乃寫付使」㊷。阮籍不知他一時的難以逃避與一生的政治軟弱已鑄成了千古遺憾，後人每論及此㊸，不免撫額浩嘆。在阮籍生命的最後二年裏，他似乎已非常的麻木，精神與身體孱弱不堪，對嵇康被殺毫無反應（或許史書未得記載他在司馬昭面前爲嵇康求情）。總之，生命的欲念仿佛已漸離他的軀體。臨終那一年，五十四歲的阮籍留下了〈薦盧播書〉㊹一文，這是向司馬昭推舉他的一個名叫盧播（生卒不詳）的同鄉。文中寫道：

> 伏維明公公侯，皇靈誕秀，九德光被，應期作輔，論道敷化，開闢四門，延納羽翼賢士，以贊雍熙。

阮籍似乎對一切已泰然、漠然處之，不再有青年、中年時的任性放達的狂氣。他在自己的生命旅程的最後時光，沒有想到自己三十二歲時是如何逃避徵召，拒絕從政爲官的。現在反倒是他協助司馬昭去徵召一位三十二歲的青年才俊。他是否想讓一位類似他的天才再重覆他的命運和遭際？我們不得而知！不過可以從他教

㊷《世說新語·文學》。
㊸《阮籍集校注·爲鄭沖勸晉王牋》。
㊹《阮籍集校注·與晉王薦盧播書》。

訓他的兒子阮渾（字長成）（生卒不詳）的話中，看出一些端倪，「仲容已豫吾此流，汝不得復爾」[45]。這意思說，我們家在放達之流中已有多人了，你不要再學我們的樣子了，好好從政做官吧！阮籍是否對自己的放達有悔意？抑或怨忿那動蕩、危險、血腥的年代？總之，他已覺得兒子所處的年代不必像他那樣做也可以保全性命。阮籍內心當然渴望有安定的政局、能施展儒家的治世理想。人之將老易思少年之事，阮籍一生恰好在起點與終點形成一個圓：入世→出世→入世。

魏景元四年（263年），秋有兵事，鍾會(225－264年)、鄧艾(197－264年)率魏軍大舉攻蜀。入冬，蜀漢滅亡。司馬昭終於接受了給他晉公的封號，逼迫魏帝禪讓只是早晚之事。昔日的竹林七賢，風雅不再，有的死於非命，有的隱世絕跡，但多數從俗爲官，儒道互補矣。阮籍在這淒淒慘慘的寒冬，與世長辭了，時年五十四歲。

第三節　阮籍怪異行爲的精神蘊意

阮籍一生有許許多多怪異的行爲、言談和舉止，它們既反映出阮籍的性格，又寓含他的精神底蘊。這些實在是時代、時世砥礪而成，家庭特殊遭際熏陶所致的風格。它是矛盾的、離俗悖禮的，但又是符合邏輯的。有了這些言行才能使後人正確地認識阮籍，去體察、體驗、體諒這個活生生的、狂傲放誕、不拘禮法、歌哭無端、卓爾不群、玄妙難測的人物。

---

[45]《晉書》卷四十九，〈阮籍傳〉。

表面的怪誕與內心的焦燥貫穿阮籍的一生，〈詠懷詩〉其三十三[46]體現了其心路歷程：

> 一日復一夕，一夕復一朝。顏色改平常，精神自損消。胸中懷湯火，變化故相招。萬事無窮極，知謀苦不饒。但恐須臾間，魂氣隨風飄。終身履薄冰，誰知我心焦。[47]

這種貫穿於阮籍一生的矛盾心態的根源恐怕以其本傳中的一段話來詮釋最爲恰當：

> 籍本有濟世志，屬魏晉之際，天下多故，名士少有全者，籍由是不與世事，遂酣飲爲常。
>
> 嘗登廣武，觀楚漢戰處，嘆曰：時無英雄，使豎子成名！

阮籍的怪異反映了其胸懷大志、心念濟世，又感生非其時，無法建功立業，甚至不能以常態保全性命的痛苦心境。這種痛苦加上其特殊的生活遭際，使其怪異大體表現爲幾個方面：

第一，「至愼」、「未嘗臧否人物」[48]。阮籍在官場上從不評論時事，不議論人物的是非得失，言談抽象難懂，常顧左右而言他。李康（生卒不詳）〈家誡〉[49]記載了司馬昭對他的評價：

---

[46]《阮籍集校注·詠懷五言詩其三十三》。

[47]此詩與何晏的詩：「鴻鵠比翼遊，群飛戲太淸。常畏大網羅，憂禍一旦並。」有異曲同工之妙。

[48]《世說新語·德行》。

[49]《世說新語·德行》注引李康〈家誡〉。

> 昔嘗坐於先帝（司馬昭），時有三長史俱見臨，辭出。上曰：「爲官長當清，當愼，當勤。……三者何先？」或對曰：「清固爲本。」復問吾，吾對曰：「……愼乃爲大。」上曰：「卿言得之矣。可舉近世能愼者誰乎？」……上曰：「……然天下之至愼者，其唯阮嗣宗乎！每與之言，言及玄遠，而未嘗評論時事，臧否人物，可謂至愼乎！」

司馬昭以阮籍的「至愼」做爲其官吏應遵循的首要準則，用意十分明顯。而阮籍從在正始中後期「竹林之遊」時「任性不羈」、「傲然獨得」，到一入官場即異常謹愼，這看似十分矛盾，但更能說明阮籍爲求生存，對自身極大的克制，掩蓋本性，胸懷湯火的痛苦。

第二，「酣飲爲常」㊿。阮籍爲官之前的飲酒行爲完全是時代風氣所致。魏晉玄學的興起使漢末道教的服散、煉丹、飲酒發散賦予了新的意義。醉酒可以體驗「無」的狀態；可以「當其得意、忽忘形骸」[51]；可以按人的先天本性自然而然地衝動；可以遠離塵世，了悟本體。竹林七賢「七人常集於竹林之下，肆意酣暢」[52]。然而，阮籍官隸於司馬氏之後，其飲酒的意蘊發生了重大的變化。爲官不僅悖於阮籍本意，且處事遵循官場常規對其更是污辱，但又不可能公開地拒絕這一切，否則殺身之禍不旋踵即至，只好以酒澆愁，抒解心中積鬱。故王忱評價「阮籍胸中壘塊，故須酒澆之」。阮籍政治上比起同是竹林七賢領袖人物的嵇

㊿《晉書》卷四十九，〈阮籍傳〉。
[51]同㊿。
[52]《世說新語‧任誕》。

康，甚是軟弱，醉酒是掩飾這一弱點，擺脫政治困境的最恰當的、使人無從抓住把柄的方式了。阮籍飲酒寓意避隱的行爲有：

1.司馬昭爲兒子司馬炎(236－290年)向阮籍女兒求婚，阮籍大醉六十日，司馬昭只好作罷。

2.鍾會三番五次問阮籍對時政的看法，想從中尋找破綻，致阮籍於死地。阮籍均飲酒至大醉不與之言語。

3.以步兵府廚師善釀酒爲由，離大將軍從事中郎職，求爲步兵校尉，到任後終日醉酒。

4.雖離開大將軍府官職，但每宴必至，每至必醉。

5.朝中衆官勸司馬昭進晉公爵位，命阮籍寫勸進表。阮籍飲酒忘掉起草文章，後使者催稿，趁醉成文。

阮籍既然做了司馬昭的家臣，內心的苦楚是可想而知的，他唯一的反抗就是以醉酒表示自己仍屬「方外之士」，阮籍的這種自殘行爲，實質是爲了昭示人們：他依然有個人的尊嚴，他無力開罪於任何人，只有戕伐自身的肉體。所以，在當時白色恐怖之下，才有這樣的場面[53]：

> 晉文王功德盛大，坐席嚴敬，擬於王者。唯阮籍在座，箕踞嘯歌，酣放自若。

第三，「不拘禮教」。阮籍反禮教之言行可以從其所處時代及其個人遭際兩方面來看。其一，政治昏暗，黑白顛倒，禮教完全成爲政治殺戮的憑藉，以致令阮籍「不平之極，無計可施，激

---

[53]《世說新語·簡傲》。

而變成不談禮教，不信禮教，甚至反禮教」[54]。此類的行爲有：

1.遭母喪仍去大將軍府赴宴飲酒。

2.友人裴楷（生卒不詳）弔唁其母，阮籍披頭散髮，隨意伸開雙腿坐在地上，醉眼惺忪直視裴楷。

3.母親喪禮上見禮俗之士，視而不見，翻白眼對之。見到嵇康來訪，才正眼相看，熱情款待。

4.母親去世時，正與人下圍棋，對方請求中止，阮籍堅持要下完以決出勝負。

5.比喻禮法之士如褲子中的虱子，躲在臭棉絮之中，靠吸吮人血過活。

史書舉阮籍母喪之時的違禮行爲，對其一生其他的違禮行爲算是最具代表意義的了。阮籍這種反禮教行爲又與飲酒、不臧否人物混雜在一起，才會有「至爲禮法之士所繩，疾之如仇，幸賴大將軍（司馬昭）保持之耳」[55]的結果。

其二，自幼成爲孤兒的阮籍對母親、對女性有相當的依戀與尊崇：

1.母親亡故下葬時，飲酒二斗，痛哭不已，吐血數升，以致毀瘠骨立，幾乎喪命。

2.任職於大將軍府時，有司法官報案說，有人殺母。阮籍當衆說：「殺父還可以，怎麼竟然殺母呢？」滿座驚其失言，司馬昭責問：「殺父是天下極惡，你怎麼說還可以？」阮籍答道：「禽獸知母而不知父，殺父者是禽獸之類。殺母者連禽獸都不如。」衆人悅服。

---

[54]魯迅〈魏晉風度及文章與藥及酒之關係〉。
[55]嵇康〈與山巨源絕交書〉。

3.阮籍的嫂子回娘家，阮籍去送別。有人諷其悖禮，他說：「禮教難道是給我設置的呀！」

4.鄰居家婦人有美色，當壚賣酒，阮籍常去飲酒，醉了就臥躺在少婦身傍。少婦的丈夫一開始懷疑阮籍的動機，後發現毫無惡意。

5.一位軍人的女兒很有才華，美麗出衆，卻未出嫁就死了。阮籍與其父兄一家素不相識，聽說後逕前往弔唁致哀，痛哭一場才離去。

阮籍幼年的遭遇使他既戀母又憐己，對人生中的純眞（如母愛子）竭力移情於其他女性，期望所有美麗的女性都像自己的母親一樣慈祥，都能給孤寂的自己一分關愛。臺灣的莊萬壽先生說：「阮籍除性格受母親的影響外，在心理防衛機制上，是由『退行作用』心理反應回到幼稚的時代，把一切好感的女性，轉化成母親，自己變成那麼幼小，那純眞行爲可以任意放肆，則一個嬰兒赤子，他可以跟任何女子相見相別，甚至於同眠相臥，可以去哭弔不識女子之喪。」[56]

第四節　阮籍的著作

阮籍一生著述甚豐，後人整理成集。《隋書·經籍志》稱梁代有《阮籍集》十三卷、錄一卷，至隋只著錄爲十卷。兩《唐志》著錄五卷，《宋史·藝文志》著錄十卷，焦竑(1540－1620年)《國史經籍志》著錄十三卷。然而，《四庫全書總目》卷八

[56]莊萬壽〈阮籍與嵇康〉，發表於《魏晉南北朝文學與思想研討會論文集》，1993年4月於臺北。

十五〈崇文總目〉提要說：「(《宋志》)紕漏顛倒，瑕隙百出。」卷八十七提要說：「(焦竑《志》)從鈔舊目，無所考核。」又言及兩《唐志》著錄阮集卷數定是鈔錄於《隋志》，沒有實見其書。可見《阮籍集》是隨朝代更迭，陸續散佚的，唐宋時僅存五卷。

明代刻本《阮籍集》中，以嘉靖年間陳德文（生卒不詳）、范欽（生卒不詳）刻二卷本《阮嗣宗集》爲最早。此外有：萬曆、天啓年間汪士賢（生卒不詳）輯刻的《漢魏諸名家集》本《阮籍集》；天啓、崇禎年間張燮（生卒不詳）編《七十二家集》中的六卷本《阮步兵集》；明末張溥(1602－1641年)輯《漢魏六朝百三名家集》本《阮步兵集》；正德年間李夢陽(1473－1530年)序刊本《阮嗣宗詩》一卷。近人編注的阮籍著作有：1957年人民出版社出版的黃節(1873－1935年)《阮步兵詠懷詩注》；1978年上海古籍出版社出版的李志鈞等校點的《阮籍集》；1987年中華書局出版的陳伯君的《阮籍集校注》。這些新版本較全面地收錄了流傳於世的阮籍的著作、賦、詩、書、牋、讚、誄、奏記等。

從目前所能輯刊於世的阮籍著作看，能代表其思想的大致有：〈樂論〉、〈通易論〉、〈通老論〉、〈達莊論〉和〈大人先生傳〉等。此外數量不多的辭賦、散文及大量的〈詠懷詩〉，不僅寓含了他的政治抱負、人格理想、心理寄託，也標示著他的文學天才和造詣。

〈樂論〉是一篇關於禮樂與政治之關係的文章，中心在闡述爲何儒家說「移風易俗，莫善於樂」[57]。這篇文章的寫作年代較難斷定，但從其內容看，儒家色彩較濃，當屬阮籍「濟世志」比較強烈的早期著作，阮籍本傳中未提及〈樂論〉，而稱〈大人先生傳〉的觀點「此亦籍之胸懷本趣也」，說明爲其立傳者以阮籍中晚年的思想爲其主流。若從〈樂論〉所討論的內容與魏時代思潮相關涉，對確定其撰寫時間是大有幫助的。大陸的丁冠之先生認爲，〈樂論〉大致寫於魏明帝末年至正始初年間(238至240年)，「魏明帝奢靡，耽於聲色之好，樂和政的關係成了當時所關心的問題」[58]。王葆玹先生認爲，「阮籍〈樂論〉無論如何應在劉劭之後。……劉劭（生卒不詳）〈樂論〉初撰成時正趕上『明帝崩』，那麼阮籍〈樂論〉應撰於正始元年以後。又夏侯玄(209－254年)在出任征西將軍以前曾著論對阮〈論〉加以駁斥，則阮〈論〉應撰於正始五年以前」[59]。筆者傾向於在魏明帝景初二年（238年），明帝死前一年寫作。因爲，魏明帝青龍三年（235年）開始，大興土木，修築宮室。其後二年內不顧群臣上疏反對，大建苑林；採民女以充後宮庭掖；徙長安大銅鐻於洛陽；用大量戰馬向吳國易換珠璣、翡翠、玳瑁等，極盡奢華。當時朝臣高堂隆上書力諫，引用周景王鑄大鐘失制和歷代帝王耽於淫樂而德衰政亡以諫明帝。明帝卻認爲，「興衰在政，樂何爲也？」[60]，而阮籍〈樂論〉也引用了周景王鑄鐘失制的例子，並在文中虛擬一「劉子」發問「（樂）有之何益於政，無之政何損於化？」[61]，很明顯指的就是明帝的奢華聲色之好。

---

[57]《孝經·廣要道章》。

[58]辛冠潔主編《中國古代著名哲學家評傳》續編二，齊魯書社，1984年版第105頁。

[59]王葆玹《正始玄學》，第140頁。

[60]《三國志·魏書·高堂隆傳》。

[61]《阮籍集·樂論》。

再者，阮籍此時二十九歲，雖未出仕，然而早已有才名，意氣風發，有一展儒家理想的濟世抱負，故對時政極爲關心。〈樂論〉一文洋洋灑灑，爲一主題竟牽扯至多儒家典籍、學說，以及鮮明的禮教思想與政治主張，顯然不僅是寫給帝王或鄉選里舉的「中正官」看的，而更是一種亟欲出仕一展抱負的「自薦書」。所以，在明帝死後第三年，太尉蔣濟聞其才名，辟爲僚屬。至於劉劭「著〈樂論〉十四篇，事成未上，會明帝崩，不施行」[62]，並不能說明他寫在阮〈論〉之前，反而可能是在野的阮籍之著啓發了這位四朝老臣。說到夏侯玄在正始初年任征西將軍時作〈辨樂論〉與阮籍論爭，可以做這樣的解釋：正始三年（242年）阮籍做了蔣濟的僚屬後，在朝中自然與「太和之辨」的名士夏侯玄以及乍起正始玄風的曹爽集團的名士們有交往。對於「自然」與「名教」、「有」與「無」等理論問題的理解，夏侯氏與阮氏或許有不同，加上夏侯屬魏宗室，對偏向於司馬氏集團的蔣濟多有不敬，對其僚屬稱雄一時的才華予以挑釁式的拮抗實屬自然之事。或許因爲此事，阮籍看到、悟出曹爽與司馬懿的爭鬥，所以不久便辭官，之後在正始玄風的影響下思想發生變化，並在正始中後期與嵇康等人開始「竹林之遊」。

〈通老論〉與〈通易論〉的主旨是說明「名教」與「自然」的關係，體現了儒道結合的思想，這與正始年間玄學思想恰好吻合[63]。當時，玄風乍起所重道家著作，依次爲《周易》、《老子》、《莊子》號「三玄」。但在正始初年，何晏(195－249

---

[62]《三國志·魏書·劉劭傳》。

[63]丁冠之先生亦有此論，見辛冠潔主編《中國古代著名哲學家評傳》續編二，第107頁。辛旗《中國歷代思想史·魏晉隋唐卷》，第62頁。

年)、王弼(226－249年)、夏侯玄所重爲《易》、《老》，《莊》書很少涉及。阮籍〈通老論〉[64]有句:

《易》謂之太極，《春秋》謂之元，老子謂之道。

此言引自桓譚《新論》，只是少了一句「揚雄(前52－18年)謂之玄」[65]。而玄學諸人是非常重視「玄」的，揚雄的《太玄》受老子「道生一，一生二，二生三，三生萬物」之啓發，以「三進制」排列組合，成九九八十一卦，說明萬物之本質。玄學不僅重視「三」這個數，更看重「玄」這個概念，以致夏侯玄撰《本玄論》，使玄學蔚然成學術主流。而阮籍〈通老論〉不提「玄」字，一種可能是寫於〈本玄論〉之前，正始四年(243年)即辭官歸隱之後；另一種可能是因〈樂論〉受夏侯玄駁斥，故不附合他的「玄論」，寫於正始六年。

〈通易論〉是在玄學「易」說革命的思潮之下的產物。王弼的「大衍義」使漢末今古文之爭後走入「爻象」之學死胡同的易學，重現生機，賦予了本體論的哲學意義。王弼明確地將《淮南子》「伏羲爲之六十四變，周室增以六爻」[66]變更表述爲「伏羲既畫八卦即自重爲六十四卦」[67]，此一新義在當時易學領域甚爲時髦。阮籍的〈通易論〉[68]中有句:

---

[64]《阮籍集·通老論》。
[65]《後漢書·張衡傳注》。
[66]《淮南子·要略》。
[67]《周易正義·卷首》。
[68]《阮籍集·通易論》。

> 庖犧氏布演六十四卦之變；後世聖人觀而因之，象而用之。禹、湯之經皆在，而上古之文不存；至乎文王，故繫其辭，於是歸藏氏逝而周典經興。

王弼注《周易》之後，何晏曾與管輅(208－255年)「共論《易》九事，九事皆明」[69]，時間在正始九年。加上阮籍〈通易論〉中提倡「佐聖扶命，翼教明法」，「尊卑之制」，與正始九年後他自己肇興提倡莊子學說，反對名教判然有別。可見，此書約撰於正始七年或八年。

〈達莊論〉標誌著玄學思潮的轉變，「正始玄學」向「竹林玄學」過渡[70]，《莊子》一書開始受到重視。阮籍〈達莊論〉[71]開篇即寫道：

> 伊單閼之辰，執徐之歲，萬物權輿之時，季秋遙夜之月。……悵然而無樂，愀然而歸白素焉。平晝閒居，隱幾而彈琴。

據《左傳·昭公七年》：「日月之會是謂辰」。杜注曰：「一歲日月十二會，所會謂之辰。」《爾雅·釋天》：「太歲在卯曰單閼，在辰曰執徐。」若依照陳垣(1880－1971年)先生〈二十史朔閏表〉查對。正始九年九月朔爲辛卯。再看「平晝閒

---

[69]《魏志·管輅傳》引〈管輅別傳〉。
[70]辛旗《中國歷代思想史·魏晉南北朝隋唐卷》，文津出版社，1993年版。
[71]《阮籍集·達莊論》。

居，隱幾而彈琴」句，可以斷定〈達莊論〉寫作於正始九年（248年）秋。〈達莊論〉在否定名教時尚未完全拋棄君臣之制，這與阮籍後來在〈大人先生傳〉中的無政府，極端仇視名教、禮制的思想是有區別的，恰好反映了，他從「濟世志」轉變爲「越名教而任自然」，鄙夷禮法，主張無君的思想變遷之過程。

〈大人先生傳〉最能代表阮籍思想的本質，這是在「正始玄學」向「竹林玄學」轉變之後，莊子（約前369－前286年）之學盛行；在當時險惡的政治環境下，阮籍所追求人格理想的自然流露、大膽的流露。阮籍本傳中稱他作此書「此亦籍之胸懷本趣也」，〈竹林七賢論〉也說：「（阮籍見孫登）歸遂著〈大人先生傳〉，所言皆胸懷間本趣，大意謂先生與己不異也。」[72]此書著作時間可以考證的因素有三：其一，「文帝（司馬昭）聞之（孫登），使阮籍往觀」[73]，阮籍在正元二年（255年）司馬師死後，又任其弟昭的從事中郎，甘露元年（256年）求任步兵校尉。其二，據劉汝霖先生考證，嵇康在阮籍之後拜訪孫登，時間爲甘露三年（258年）[74]。其三，阮籍遭母喪在甘露元年（256年）。綜合以上三因素，阮籍作〈大人先生傳〉的時間是在往見孫登之後，遭母喪守孝之前，約爲甘露元年任步兵校尉之時。〈大人先生傳〉的寫作蘊含有幾多辛酸：阮籍奉司馬昭之命往觀孫登，是協助司馬氏監視在野反對勢力的行動；孫登並未給阮籍面子；阮籍崇敬孫登的人格，慨嘆自己的處境。所以，阮籍毅然用文字表達他對「禮法」的反動，對理想人格的追求，對官

---

[72]《世說新語·棲逸》注引〈竹林七賢論〉。

[73]《晉書·孫登傳》。

[74]劉汝霖《漢晉學術編年》第四册，第28頁、第30至32頁、第43至45頁。

宦生活的厭惡。他很明顯地要與司馬氏集團劃清界限，「這是他一生中最勇敢的一篇作品」⑮。

阮籍的〈詠懷詩〉正像嚴羽（生卒不詳）所評價的，「厥旨淵放，歸趣難求」⑯，千餘年來以其特有的魅力，爲人推崇。關於其近百首詩的意旨，歷代評論不一，沈約(441－513年)稱之爲「憂生之嗟」，比較恰當。後世許多研究阮籍者，參照其所處政治背景將每一首詩都尋其本義，與政治事件相配合，這不免有些附會，枉生穿鑿之意。當然，確有一些詩作是有感而發。但細細品味並結合魏晉文學、思想、社會發展之主脈絡，就會發現：阮詩體現的是一種時代的情懷：即對生命的渴望，對時世的悲哀。請看〈詠懷〉其三十五：

願爲雲間鳥，千里一哀鳴。

筆者十分贊賞李澤厚、劉綱紀先生的觀點：「阮籍的整個思想，正是留存在他身上的建安時代積極精神遭到無情壓抑和打擊的產物。……說明了在魏晉風度的『玄遠』、超脫後面包含著一種不可解脫的人生悲苦。」⑰

---

⑮莊萬壽〈阮籍與嵇康〉，《魏晉南北朝文學與思想學術研討會論文集》，文津出版社，1993年版，第769頁。

⑯《滄浪詩話》。

⑰李澤厚、劉綱紀主編《中國美學史》第二卷上，第165至166頁。

第二章　阮籍所處時代的特徵

第一節　莊園經濟與人格獨立

東漢末年，與中央集權官僚體制相適應的「名教之治」因皇權與宦官勾結，壓制官僚地主與士族知識階層，而趨於崩潰。與社會結構相應的文化價值體系發生了巨大的變化，由讖緯化儒家經學轉向新的道家自然主義。當時，社會結構三大構件（經濟制度、政治體制、社會組織）的經濟制度表現爲塢堡經濟（或稱莊園經濟、豪族經濟）；政治體制爲皇權衰弱狀態下的軍閥割據；社會組織表現爲人身依附的部曲與各類士族知識份子集團。在這一大的社會形態的變遷過程中，以塢堡經濟爲基礎的魏晉士族社會取代了以宗法小農經濟爲基礎的漢代官僚社會。

漢代的中央集權官僚社會形態，由僅擁有土地使用權的宗法小農（包括地主）、官僚階層與皇權集團（包括內宦、外戚勢力）自下而上構成金字塔形結構。官僚在替皇權管理社會時形成的各種關係成爲社會組織的基本形式，官僚的產生是通過對宗法小農階層的察舉徵辟，以及官僚集團後代對教育享有特權來實現的。官僚在經濟上依賴國家俸祿及權力的濫用（如貪污受賄等），在政治上按行政體系形成人身依附關係。社會的主體官僚集團因爲沒有獨立的政治、經濟地位，也不可能有獨立的人格和具有獨立判斷能力的思想。皇權統攝一切，漢代經學束縛下的官僚所追求的人格理想不外乎循規蹈矩的「敦樸」、「方正」、「忠厚」之士，就如同默默地在皇田上耕耘，按時交納賦稅的農民。

東漢末土地兼併激烈，大地主向豪族據地挑戰皇權的趨向發展，莊園經濟興起。東漢崔寔（？－170年）的〈四民月令〉和王符（80－162年）的〈潛夫論〉都對莊園有所論及，這些莊園不僅具有經濟上自給自足的農業、手工業，還擁有保護莊園的部曲之類的半農半兵的準軍事武裝，形成割據的雛型。特別到漢末黃巾暴動，軍閥混戰之後，莊園的軍事作用以及獨立性更加明顯。這些都是後來魏晉士族人格獨立、思想解放、文學藝術革命的客觀物質基礎。仲長統(180－222年)在論及人生理想時，揭示了莊園經濟與人格獨立之間的內在聯繫。《後漢書》卷七十九，〈仲長統傳〉載：

> 常以為：凡遊帝王者，欲以立身揚名而名不常存。人生易滅，優遊偃仰可以自娛。欲卜居清曠以樂其志，論之曰：使居有良田廣宅，背山臨流，溝池環帀，竹木周布，場圃築前，果園樹後，舟車足以代步涉之難，使令足以息四體之役……。良朋萃止則陳酒肴以娛之，嘉時吉日則烹羔豚以奉之。躕躇畦苑，遊戲平林，濯清水、追涼風、釣遊鯉、弋高鴻。諷於舞雩之下，詠歸高堂之上。安神閨房，思老氏之玄虛；呼吸精和求至人之彷彿。與達者數子論道講書，俯仰二儀，錯綜人物，彈南風之雅操，發清商之妙曲。逍遙一世之上，睥睨天地之間，不受當時之責，永保

性命之期。如是則可以陵霄漢出宇宙之外矣，豈羨夫入帝王之門哉！

這反映出當時面臨亂世且人格長期受禁錮的官僚階層知識份子的普遍心態。

當然，莊園和稍後的塢堡經濟都是以農民對豪強士族的絕對人身依附，喪失自由，退爲農奴爲條件的。這種看似退步到夏商周三代的經濟制度實際上是與之不同的，它的主角不再是宗法血緣的皇親，而是有知識傳承統緒的士族。莊園中農奴的人身依附卻造就了士族的人格獨立、經濟獨立。這就在原來社會結構中醞釀出一個新的社會組織——士族集團，士族集團之間的各種聯繫，形成了士族社會。在士族社會中，因爲各自有獨立的人格，故而可以平等地交往。正如王曉毅先生說的：「要求在學術上平等交談，自由聚會；在思維方法上要尊重理性；在人性論上要求『自然』；在政治上要求君主『無爲』。這些變化都是玄學產生的廣闊的思想背景。」❶

士族人格的獨立是建立在對莊園農奴的剝削與奴役的基礎上的，爲使士族社會穩固，士族集團一方面鼓勵衰弱的皇權重新建立綱常名教，另一方面則建立等級森嚴的門閥制度，保證對知識、對經濟、對政治的壟斷。這決定了士族集團的雙重性格：學術上追求道家，闡揚平等的人格；政治上宣揚儒家，維繫等級封建制度。不論如何，士族集團因爲有了莊園經濟的奧援，其人格的獨立所造就的魏晉自然主義與玄學，在歷史進程中是有極大的

❶王曉毅《中國文化的清流》，中國社會科學出版社，1991年版，第47頁。

進步意義的。

莊園、塢堡經濟也是一種極賦予老莊哲學色彩的生活方式。那時，士族集團中的知識份子在傍山臨水、自給自足、風光秀雅的莊園中，彈琴賦詩、對酒嘯歌、清談玄理、縱情山水，充分享受大自然帶給人心靈上的超脫、樂趣。魏晉士族集團曾數度掀起營造莊園的熱潮，使漢末魏初軍閥吸收流民，組建軍隊，自備糧秣的「屯田制」徹底瓦解。早期玄學名士大都是莊園經濟的倡導者及受益者，正始玄學名士和竹林名士也多是破壞屯田制的急先鋒。如何晏在正始改制中，恢復中央集權官僚制度，打擊軍閥屯田割據，同時自己也擴建莊園，「共分割洛陽野王典農部桑田數百頃，及壞湯沐地以為產業」❷。玄學名士裴秀也「占官稻田」❸。曹爽的長史應璩在給同僚寫信時說：「欲求遠田，在關之西，南臨洛水，北據芒山，托崇岫以為宅，因茂樹以為蔭。」❹竹林七賢中的山濤，「占官三更稻田」❺；王戎「區宅僮牧，膏田水碓之屬，洛下無比」❻；向秀「與呂安灌園於山陽，收其餘利，以供酒食之費」❼；嵇康在山陽亦有莊園。這些都決定了士族集團「浮華交會」，大興玄風已是不可遏制的趨勢，就是要充分地表達人格獨立後，主觀上的、理性和感性的體驗。東晉簡文帝司馬昱（生卒不詳）在鄴都仿建魏時洛陽華林園，遊玩時大發感慨：「會心處不必在遠，翳然林水，便自有濠、濮間想也，覺

❸《晉書》卷三十五，〈裴秀傳〉。
❹《宋書》卷六十七，〈謝靈運傳〉注引〈與程文信書〉。
❺《晉書》卷四十一，〈李憙傳〉。
❻《世說新語·儉嗇》。
❼《御覽》卷四百零九引〈向秀別傳〉。

鳥獸禽魚自來親人。」❽這就是莊園經濟的玄學特徵和道家風格。

晉初司馬氏集團因鎭壓曹氏集團曾殃及玄學名士，但司馬師（208－255年）、司馬昭(211－265年)也曾在魏太和年間名登「浮華少年」之列，他們也是士族集團中人。政歸司馬氏之後，他們繼續了正始曹爽、何晏的改制措施，破壞屯田制，發展莊園經濟，直至以「占田法」和「蔭戶制」爲基礎恢復分封制度。晉初分封制度的建立完全符合士族集團的要求，今人王仲犖教授深刻地指出：「尤其是經過武裝過程的世家大族的要求。他們建立起小王國——莊園以後，想用舊的五等封建制度（筆者注：公、侯、伯、子、男五等爵）作爲外衣，來披在新的封建制上，經過名正言順的法定手續，來承認他們小王國的獨立主權。」❾正是如此，有了經濟、政治上的獨立主權，才使魏晉士族集團知識份子的人格獨立起來、學術獨立起來。但是，也造成了弊端：分封之後的「八王之亂」與士族集團官僚階層不務實政和絕對玄虛，追求脫離現實生活的絕對的人格獨立。晉以後士族對玄學的承襲，往往是取其抽象內容而棄其獨立的人格精神及探索的理性思辨，這使玄學流於虛浮、空泛。以至於後人更將晉的覆亡及其後的數百年分裂局面歸罪於夏侯玄、何晏及王弼等人首創的玄學。昧乎？悲乎？

第二節　政爭殺戮與生命意識

---

❽《世說新語·言語》。

❾王仲犖《魏晉南北朝史》，上海人民出版社，1979年版，第210頁。此觀點王仲犖先生參考了陳寅恪先生〈崔浩與寇謙之〉一文，載於《嶺南大學學報》第十一卷第1期。

東漢和帝以後，諸帝多沖齡即位，外戚與宦官集團爲爭權相互殘殺。至靈帝時，先後有竇憲(？－92年)、鄧騭(？－121年)、閻顯(？－125年)、梁冀(？－159年)、竇武(？－168年)、何進(？－189年)等外戚集團在政爭中失敗。失敗一方所遭受的殺戮是極其慘烈的，竇憲及諸兄弟「皆迫令自殺」，黨羽「皆下獄誅」⑩；梁冀宗族多被迫自殺，「諸梁氏及孫氏（其妻族）中外宗親送詔獄，無少長皆棄市……其他所連及公卿列校刺史二千石死者數十人，故吏賓客免黜者三百餘人，朝廷爲空」⑪；竇武之潰，「梟首洛陽都亭，收捕宗親、客、姻屬，悉誅之，及劉瑜、馮述，皆夷其族」⑫；何進竟被宦官斬首於「嘉德殿前」⑬。權力的爭奪也波及到官僚知識份子，他們多反對宦官集團把持朝政、毀壞原本有章可循的官吏體制。於是有道德良知的中央上層及地方部分官僚與太學生聯合，發起「清議」運動，受到宦官操縱之皇權的鎮壓，桓、靈之際竟成兩次「黨錮之禍」。楊震、欒巴、劉陶、李雲、杜喬、劉瑜、李固、陳蕃(？－168年)等一大批清正官僚，或被迫自殺，或遇害獄中，或暴屍斷首於街衢⑭。宦官勢力被軍閥翦除時，一次也被殺二千餘人。

東漢末年，黃巾大起義被各地方軍閥鎮壓，史書屢載：「斬首數萬級」，「斬首七千餘級」，「獲首三萬級，赴河死者五萬許人」，「首獲十萬餘人，築京觀於城南」，「復斬萬餘級」

---

⑩《後漢書》卷二十三，〈竇憲傳〉。
⑪《後漢書》卷三十四，〈梁冀傳〉。
⑫《後漢書》卷六十九，〈竇武傳〉。
⑬《後漢書》卷六十九，〈何進傳〉。
⑭以上諸人諸事均見《後漢書》各本傳。

⑮。後軍閥混戰，生民塗炭，西北雜有大量胡、羌族人的董卓（？－192年）軍入洛陽後，縱兵燒殺淫掠。一次派人赴陽城，值百姓春社大典，縱兵圍殺，斬男子首級懸於車轅馬首，虜婦女搶財物，滿載而歸，聲稱「擊賊大勝」⑯。董卓被王允殺後，部將李傕、郭汜攻入長安，「放兵虜掠，死者萬餘人」。後二人內鬨，長安一帶又遭濫殺，「二三年間，關中無復人跡」⑰。建安七子之一的王粲用詩記下這今天讀來猶不覺淚下的情景⑱：

> 出門無所見，白骨蔽平原。路有飢婦人，抱子棄草間。顧聞號泣聲，揮涕獨不還。未知身死處，何能兩相完？驅馬棄之去，不忍聽此言。南登霸陵岸，回首望長安。悟彼下泉人，喟然傷心肝。

就連爲在群雄間立足、爭霸，殺人如麻的軍閥曹操也發出「生民百遺一，念之斷人腸」⑲的慨嘆。

黎民爲避戰亂，四處流離，悲痛難以言述，當年汝南「月旦評」的主角，望族名士許靖（生卒不詳）去南方避亂還返中原投奔曹操上書⑳寫道：

---

⑮《後漢書》卷七十一，〈皇甫嵩朱儁傳〉。
⑯《後漢書》卷七十二，〈董卓傳〉。
⑰《後漢書》卷七十二，〈董卓傳〉。
⑱《文選》卷二十三，〈哀傷〉。
⑲《曹操集》，中華書局，1974年版，詩文〈蒿里〉。
⑳《三國志》卷三十八，〈許靖傳〉。

正禮師退，術兵前進；會稽傾覆，景興失據；三江五胡，皆爲虜庭。臨時困厄，無所控告。便與袁沛、鄧子孝等涉滄海。南至交州，經歷東甌、閩、越之國，行經萬里，不見漢地，漂薄風波，絕糧茹草，飢殍荐臻，死者大半。既濟南海，與領守兒孝德相見，知足下忠義奮發，整飭元戎，西迎大駕，巡省中岳。承此休問，且悲且喜，即與袁沛及徐元賢復共嚴裝，欲北上荊州。會蒼梧諸縣夷、越蜂起，州府傾覆，道路阻絕，元賢被害，老弱並殺。靖尋循渚岸五千餘里，復遇疾癘，伯母隕命，並及群從，自諸妻子，一時略盡。復相扶侍，前到此郡，計爲兵害及病亡者，十遺一二。生民之難，辛苦之甚，豈可俱陳哉！

曹操主控中原之後，因實施刑名之治，法家之道，對稍有異議的士族知識份子亦採取屠殺政策，先後誅殺名士孔融(153－208年)、許攸（生卒不詳）、楊修(175－219年)、婁圭、崔琰（生卒不詳)等。其子曹丕也殺魏諷(？－224年)、曹偉等名士。到魏正始年後，司馬氏集團在政爭中得勝，不僅大殺名士，對魏帝持同情態度的地方官僚、將領也大加殺戮。先後殺夏侯玄、李豐(？－251年)、張輯、毋丘儉(？－252年)、諸葛誕(？－254年)等人。殺諸葛誕時，「斬誕，傳首，夷三族。誕麾下數百人，坐不降見斬，皆曰：『爲諸葛公死，不恨。』」於是，數百人列隊對天拱手，不跪，每殺一人，身體才倒下去，直至最後一人[21]。

如此時代，整個社會各階層都沒有生命的基本保障，隨時面

---

[21]《三國志·魏書》卷二十八，〈諸葛誕傳〉及注引干寶《晉紀》。

臨著死亡的威脅。人們突然感到：生命是何等的脆弱，人生如此短暫。一種超越日常生活直達信仰層面的生命意識萌發了，人的生命成爲知識份子思考的主題。產生於東漢末年的古詩十九首爲這種生命意識定下了淒楚悲涼、眷戀慨嘆的基調：

> 生年不滿百，常懷千歲憂。晝短苦夜長，何不秉燭遊？爲樂當及時，何能待來茲？愚者愛惜費，但爲後世嗤。仙人王子喬，難可與等期。
>
> 浩浩陰陽移，年命如朝露。人生忽如寄，壽無金石固。萬歲更相送，聖賢莫能度。服食求神仙，多爲藥所誤。不如飲美酒，被服紈與素。
>
> 古墓犁爲田，松柏摧爲薪。白楊多悲風，蕭蕭愁殺人。思還故里閭，欲歸道無因。

這種對人生的感傷與留戀的社會氛圍在建安年以後，迅速在貴族、士族與知識階層彌漫開來。曹氏父子與建安七子推波助瀾，「對酒當歌，人生幾何，譬如朝露，去日苦多」（曹操）；「人亦有言，憂令人老，嗟我白髮，生亦何早」（曹丕）；「人生處一世，去若朝露晞」（曹植）(192－232年)。魏建之後，名士們反覆吟唱著同一感傷，阮籍有「人生若塵露，天道邈悠悠，……孔聖臨長川，惜逝忽若浮。」對生命感傷的意識已對當時的社會心理與意識形態產生了重大的影響。李澤厚先生認爲：「這個核心便是在懷疑論哲學思潮下對人生的執著。表面看來似乎是如此頹廢、悲觀、消極的感嘆中，深藏著的恰恰是它的反面，是對人生、生命、命運、生活的強烈的欲求和留戀。」㉒

㉒李澤厚《美的歷程》，文物出版社，1983年版，第89頁。

對生命的執著與留戀，使當時的士族知識份子力圖尋找到一種現實的人生歸宿，以排遣對死亡的焦慮與恐懼。曹丕對以文章「立言」的論述，最能反映社會動盪，道德崩潰，政治昏暗，建功業無異於走向死途的景況下，惟捨棄立德、立功，專注於「立言」，方可把握永恆，達到人生之不朽。曹丕在《典論》㉓中道：

> 蓋文章經國之大業、不朽之盛事。年壽有時而盡，榮樂止乎其身。二者必至之常期，未若文章之無窮。是以古之作者，寄身於翰墨，見意於篇籍，不假良史之辭，不托飛馳之勢，而聲名自傳於後。故西伯幽而演《易》，周旦顯而制《禮》，不以隱約而弗務，不以康樂而加思。夫然，則古人賤尺璧而重寸陰，懼乎時之過已。而人多不強力，貧賤則懾於饑寒，富貴則流於逸樂，遂營目前之務，而遺千載之功。日月逝乎上，體貌衰於下，忽然與萬物遷化，斯志士之大痛也。

有了文章不朽的觀念，加之對生命無常的切身體會，以及道德修養在亂世的廢弛，那麼，利用有限的人生及時享樂應屬自然而然之事，算是亂世的副產品。「不如飲美酒、被服紈與素」㉔；「何不策高足，先據要路津」㉕；「斗酒相娛樂，聊厚不為薄。驅車策駑馬，遊戲宛與洛」㉖亦成士族知識份子充分把握生

㉓《文選》卷五十二。
㉔古詩十九首。
㉕同㉔。
㉖同㉔。

命，實踐生命意識的物化表現方式。建安七子之一、曹操的兒子曹植的生命情景頗能說明這一點，「時天暑熱，植因呼常從取水自澡訖、傅粉。遂科頭拍袒，胡舞五椎鍛，跳丸擊劍，誦俳優小說數千言」㉗。曹氏父子倡導的建安文學及其生活方式，是生命意識最直接的表現和張揚，它不僅決定了中原知識界的主流趨向於此，也帶動了另外兩個分裂地域吳國和蜀國知識界風氣的變化。生命意識的萌發是一次精神的大解放，它最先以文學的自覺及對生命的充分放縱來實現。那時的知識份子在屢遭離亂悲苦之後，一邊對生活縱情享受；一邊對心靈深處的積鬱用筆盡情的渲洩、抒發。「寫哀傷，寫淒苦，寫如夢的歲月，寫慘淡的人生，寫悠悠的思念，寫濃濃的鄉愁，寫遍野的白骨，寫滿腔的憤懣㉘。『清峻、通脫、華麗、壯大』的文風，寫出了一個魯迅先生所稱的『文學的自覺時代』」㉙。自覺之後的、有主體意識的人，面對更多的精神痛苦，他們需要更多的解脫形式。

第三節　名士風尚與魏晉風度

漢代經學名教所要求的社會楷模是忠臣孝子、志士仁人；魏晉玄學對人性的解放，其所要求的是超逸脫俗的名士。東漢末社會戰亂頻仍，死亡的社會氛圍決定了禮教及各類生活規範顯得那麼多餘且迂腐，加上被壓抑了數百年的先秦名、法、道諸家重新

㉗《三國志》卷一，〈魏志·王粲傳〉附〈邯鄲淳傳〉注引《魏略》。

㉘馬良懷《崩潰與重建中的困惑》，中國社會科學出版社，1993年版，第90頁。

㉙《魯迅全集·而已集·魏晉風度及文章與藥及酒之關係》。

興起，道教盛行，社會風氣開始大變，呈現出駁雜、開放的局面。而玄學名士們的言行、容貌、衣著、舉止最能體現當時的時尙，歷史上統稱之爲「魏晉風度」。魏晉風度在學術思想上表現爲玄學思潮，在社會行爲上則需藉助一系列的物化行爲來體現，如社會交往活動中放達怪異；服寒食散、飲酒、行散；精於音樂，喜好嘯詠；美儀容、傅粉、褒衣博帶，等等。

魏晉士族知識份子在突破名教、禮法束縛之後，不再盲目地崇拜聖人、忠孝節義之士，而是開始崇拜自己，崇拜那種對生命短暫有所認知之後的欲望衝動。他們所看重的人的價值在於不受外物牽累的個性自然，所輕蔑的是爲達成世俗功利目的而人爲地修飾個性。崇拜自己、欣賞自己的第一步就是「美姿容」。東漢清議運動中，人們就曾把道德的楷模外在化爲神仙的氣質和風度，使重儀表流行開來。至魏士族名士竟仿效前人「胡粉飾貌」㉚，將女子的嗜好學過來，再加上名士多貴族門第出身，姿容氣度非同一般，傅粉自然能增其淸麗的色彩。如正始名士何晏「性自喜，動靜粉帛不去手，行步顧影」㉛，阮籍「容貌環傑」㉜，嵇康「風姿特秀，巖巖若孤松之獨立，其醉也，傀俄若玉山之將崩」㉝，王戎「神采秀徹」㉞。美儀容也是對漢代淳樸、古拙的審美觀念的背棄，趨向虛華與外在的亮麗，表達人性內在對美的追求。

㉚《後漢書》卷六十三，〈李固傳〉。
㉛《世說新語·容止》注引《魏略》。
㉜同㉛。
㉝《世說新語·容止》。
㉞《晉書》卷四十三，〈王戎傳〉。

以自己爲崇拜的對象，自然就要求每個人按自己的個性去生活，嘻笑怒罵，悉聽尊便，無論其好壞，毋須用世俗的價值來衡量，不管是慷慨抑或吝嗇，是局促抑或放達，是尖刻抑或寬容，只要是順從了個人的天性，就是率眞、盡性，就是美好的。這就造就了名士社會交往中千奇百怪的言行舉止，《世說新語》一書的記載最爲典型，現擷來幾則以明其蘊：

> 王戎有好李，賣之，恐人得其種，恆鑽其核。㉟
>
> 阮光祿在剡，曾有好車，借者無不皆給。有人葬母，意欲借而不敢言，阮後聞之，歎曰：「吾有車，而使人不敢借，何以車爲？」遂焚之。㊱
>
> （劉伶）肆意放蕩，以宇宙爲狹，常乘鹿車，攜一壺酒，使人荷鍤隨之，云：「死便掘地以埋。」土木形骸，遨遊一世。㊲
>
> 南陽宗世林，魏武同時，而甚薄其爲人，不與之交。及魏武作司空，總朝政，從容問宗曰：「可以交未？」答曰：「松柏之志猶存。」㊳
>
> 嵇中散（康）臨刑東市，神氣不變，索琴彈之，奏『廣陵散』。曲終，曰：「袁孝尼嘗請學此散，吾靳固不與，『廣陵散』於今絕矣！」㊴

㉟《世說新語‧儉嗇》。
㊱《世說新語‧德行》。
㊲《世說新語‧文學》注引〈名士傳〉。
㊳《世說新語‧方正》。
㊴《世說新語‧雅量》。

人是自然性與社會性同時兼備方成爲社會的人，漢代經學、禮教對人的自然性壓抑過甚，到魏晉一旦打破名教的囚牢，自然性即無束不縛地公開表露出來。士族名士的社會交往中，率性而不拘禮儀成爲普遍現象，葛洪在《抱朴子》中指責士族「禮教漸頹，傲慢成俗」，「專以嘲弄爲先」，「或褻衣以接人，或裸袒而箕踞」❹⓪。他尙未理解剛剛擺脫名教的士人是多麼需要在外在形式上以極端的行爲來否定禮教。對禮教最徹底的否定體現在喪葬儀式上，漢代重厚葬之風，居喪守孝之禮，摧殘人性至極。魏晉名士們則重在哀情的表達，喪儀不拘一格，把弔孝變爲抒發自身情感的憑藉，甚至會因爲死者生前愛好聽驢叫，而在靈前模仿驢鳴，「王仲宣（粲）好驢鳴，既葬，文帝臨其喪，顧語同遊曰：『王好驢鳴，可各作一聲以送之。』」❹①。

魏晉士族名士品性、舉止、言行上那種展示自己，在率性的自寵下欣賞自己的作爲，對禮教的衝擊很大，但他們絕不在社會政治體系上徹底摧毀名教。他們的悖禮行爲多少都有些藝術、文學的韻味。比如魏晉曾針對音樂的功能，聲有否哀樂展開爭論，歸結一點，都觸及到音樂的非政治功利性的問題。大多數名士都精通音律，善於演奏樂器，他們將音樂視爲自我精神昇華的途徑。嵇康、戴逵（？－396年）、賀循（260－319年）的琴，阮咸、謝尙（生卒不詳）的琵琶，桓伊（生卒不詳）的笛，王敦（生卒不詳）的鼓，都「自足於懷抱」❹②。嵇康作〈琴賦〉其中有一段話，頗能說明名士對音樂的看法：

---

❹⓪葛洪《抱朴子·疾謬》。

❹①《世說新語·傷逝》。

❹②《三國志》卷二十一，〈王粲傳〉注引嵇喜《嵇康傳》。

> 物有盛衰而此無變，滋味有厭而此不倦。可以導養神氣，宣和情志，處窮獨而不悶者，莫近於音聲也。

魏晉名士還找到了一種獨特的，抒發情感的音樂形式，這便是「嘯詠」。嘯爲有聲無音之音，詠則爲拖長音調朗誦詩文。嘯不同於口哨，而是蹙口運氣發出悠長舒緩的長音。據唐人所撰《嘯旨》，稱其來源於古老的道家。魏晉名士將嘯賦予了新的時代意義，一方面滿懷憂憤，浩然宣洩；另一方面又體現玄學「言不盡意」，以一種彼此理解的主觀色彩極強的嘯音，表達思想情境，尤其是不可名狀的悲哀和愁悵，惟有長嘯方可盡情。故〈嘯賦〉[43]稱這種藝術形式：

> 慷慨而長嘯，發妙音於朱唇；……心滌蕩而無累，志離俗而飄然。

詠是配合詩文的朗誦形式，也非常講究聲調技巧，亦爲名士風雅之一。

魏晉士族知識份子生命意識張揚，破除禮法曾顯出巨大的藝術與哲學的創造力，但他們又必須承受巨大的精神苦悶：其一爲理想與社會現實的衝突；其二是仇視名教，但又希望以名教重建有秩序的社會生活，這種矛盾加上他們內心不可名狀的苦痛，迫使他們竭力尋找各種方法得以解脫，甚至不惜通過強烈的感官刺

---

[43]《藝文類聚・十九》引〈嘯賦〉。

激或肉體、精神的自我摧殘。於是服寒食散、酗酒、褒衣博帶、赤身裸袒、持麈尾踏木屐、捫蝨而談，蔚然而成風尚。

寒食散是東漢醫聖張仲景（生卒不詳）依照其《傷寒論》的理論發明的一種調理人體陰陽平衡，治療痼疾的劇毒藥劑，有許多種配方。因其服用後除飲熱酒外，飲食一律吃冷，故稱「寒食散」。食此藥後，毒力發作，除產生巨大的內熱，還伴有幻覺和快感的產生，但必須以一整套繁瑣的辦法，如飲酒、散步、冷水浴、寒臥，並嚴守禁忌與調息之法（皇甫謐(215－282年)曾歸納爲五十一條，調息法包括「六反」、「七急」、「八不可」、「三無疑」、「十忌」[44]）將「毒熱」發散掉。裴秀(224－271年)、王戎、皇甫謐、殷顗等名士服散後都曾因發散不當，招致死亡、殘疾、失明、全身腐爛等後果。正始年間，何晏也許受道士引誘服了寒食散「非唯治病，亦覺神明開朗」[45]，不排除會有類似今日吸毒後的不可名狀的快感[46]，甚至可能會提振人的性能力。從此後，士族名士爭相服用，形成服散狂潮，持續了五百多年，不知殘害了多少人的性命，並使多少人以自我摧殘爲樂事。

名士服散既要占用大量的時間出行散步，又要耗費許多錢財飲上等的醇酒來幫助發散。這造成了出遊與酗酒之風盛行，服散的人經常處於微醉的狀態，如果用藥猛烈，還要連醉數十日以發散，阮籍當年大醉六十日拒絕司馬昭爲子求婚，很可能用的是服藥發散的方式逃避。不過，魏晉名士酗酒不單是爲了服散發散，

---

[44]余嘉錫《寒食散考》引《病源》及《醫心方》卷十九。

[45]《世說新語·言語》。

[46]賀昌群《魏晉淸談思想初論》，商務印書館，1947年上海版，第41頁。

更重要的是通過飲酒的混沌精神狀態，逃避社會現實，擺脫世俗規範，體驗與「自然」同體混一的感覺。名士劉伶著〈酒德頌〉㊼道：

……惟酒是務，焉知其餘。有貴介公子，搢紳處士，聞吾風聲，議其所以，乃奮袂攘襟，怒目切齒，陳説禮法，是非蜂起。先生於是捧甖承槽，銜杯漱醪，奮髯箕踞，枕曲藉糟，無思無慮，其樂陶陶，兀然而醉，恍爾而醒。

魯迅(1881－1936年)先生把服散飲酒的時尚與魏晉名士的生活習俗、文化心理、服裝樣式聯繫在一起，指出：「吃了散之後，用冷水澆身；吃冷東西，飲熱酒……因爲皮肉發燒之故，不能穿窄衣，爲預防皮膚被衣服擦傷，就非穿寬大衣服不可。現在有許多人以爲晉人輕裘緩帶、寬衣，在當時是人們高逸的表現，其實不知他們是吃藥的緣故，一班名人都吃藥，穿的衣都寬大，於是不吃藥的，也跟著名人，把衣服寬大起來！還有，吃藥之後，因皮膚易於磨破，穿鞋也不方便，故不穿鞋襪而穿屐。所以，我們看晉人的畫像或那時的文章，見他們衣服寬大，不鞋而屐，以爲他一定很舒服，很飄逸了，其實他心裏都是很苦的。更因皮膚易破，不能穿新而宜於穿舊的，衣服便不能常洗，因不洗，便多蝨。所以在文章上，蝨子的地位很高，捫蝨而談，當時竟傳爲美事。」㊽所以說，魏晉名士放達不羈、裸袒寬衣、喜怒無常、酗酒無度、歌哭無端，甚至母喪飲酒不哭等怪異行爲均與

㊼《晉書》卷四十九，〈劉伶傳〉。
㊽《魯迅全集‧而已集‧魏晉風度及文章與藥及酒的關係》。

服藥行散有直接的關係，構成魏晉風度的主要特徵。

魏晉風度的外在表徵以上均已簡述，它顯現的是一種個性絕對自由的飄逸、超脫。然而，魏晉風度的內在精神卻是執著、深重、悲涼、抑鬱、無奈的。它與外在表現構成巨大的矛盾與衝突，這種衝突正如上節所論根源於魏晉士族知識份子自身精神的內在矛盾，即追求理想的、人格的、自然的「自我」，卻又期望整個社會的組成者要遵從秩序、倫理，要保持現實的、社會的、禮教的「自我」。這是一個時代的悲劇，是社會劇變、思想解放之後，無所傍依，「前無古人，後無來者」的巨大的歷史孤獨意識。

第三章　阮籍與玄學思潮

第一節　玄學思潮的興起

漢武帝「罷黜百家、獨尊儒術」之後，與齊魯之地的方士道、陰陽家思想相結合的儒家取代了漢初以來占統領地位的黃老之術。至漢哀帝、平帝之際，讖緯之說大盛，以至凌駕於經學之上，摒儒家中的經學爲外學，自謂儒家內學。當時，鬼神災異迷信之說彌漫思想界。劉秀(前6－57年)建東漢之後，有理性的思想家，如揚雄(前52－18年)、王充(27－約97年)、張衡(78－139年)等運用當時的天文及自然科學知識批駁讖緯迷信，並以先秦老莊道家理論爲奥援。王充首開了儒典《易》與道家書《老子》相結合論述自然的先例，將「道生一，一生二，二生三，三生萬物，萬物負陰而抱陽，沖氣以爲和」❶中的「一」，直接表述爲「一氣」❷。這種樸素唯物論之思想，實爲日後扭轉讖緯迷信，掃淸經學繁瑣之本體論哲學的萌芽。

東漢自和帝以後至質帝，皇室衰弱，外戚當道，把持了選拔官吏的「鄉選里舉」制度。國家儲備官吏的太學及各地士族知識份子對此不能容忍，他們所受儒家經學教育內容充滿了道德、向

---

❶《老子》第四十二章。

❷王充《論衡·談天》。

善的理念，對政治上的失德行爲深惡痛絕。此時，走博士官——公卿，太學生——官吏之路的士人愈來愈多。到桓帝時，宦官助皇帝誅外戚後，吏治更爲腐敗，出身寒門之士幾無晉身之階，於是不平則鳴，故匹夫抗憤、處士橫議。一批代表庶族地主和平民利益的官吏，對腐敗政治猛烈批判，與古文經學對讖緯儒學的批判相互唱和，蔚然而成「清流」。這股「清流」與「天人感應」今文經學的官方意識形態及昏暗的朝政相抗衡。同時，「被趕出朝廷而成爲純粹學術的古文經學也與士族知識階層及太學生集團的『清議』運動相結合，釀成一股強勁的社會批判、懷疑思潮」❸。而宦官集團爲維護利益，利用皇權壓抑這股思潮，以「浮華」、「交會」爲口實，製造二次「黨錮之禍」，殺戮、監禁異己人士。這是繼秦始皇焚書坑儒以來第二次思想大鎮壓，「漢帝國是建立在以儒教爲國教的基礎上的，以孝悌維繫家與宗族，並推展到鄉黨，憑藉道德力而不必依賴警察力來統治。但黨錮之禍所打擊的正是一批維繫帝國爲儒教道德國家的士人，故等於是一種自殺行爲」❹。鑒於此種景況，知識界及官吏開始將入世建功的理想，轉向出世修養，老莊道家學說，倍受重視。如經學大師鄭玄(127-200年)的弟子任嘏（生卒不詳）作《道論》十卷，鍾繇(151－230年)著《老子訓》，虞翻(164－233年)、劉表(142－208年)等人皆注《老子》，老莊之說逐漸被思想界置於和儒家經典相同的位置，回歸道家自然主義的風氣驟起，爲後起之「正始之音」玄學定下主調。

---

❸辛旗〈王符的社會批判思想與東漢末年清議思潮〉，《甘肅社會科學》1994年第3期。

❹鄭欽仁〈鄉舉里選——兩漢的選舉制度〉，收入《中國文化新論·制度篇》，聯經出版事業公司，1982年版，第206頁。

東漢末腐敗政治使亦官亦學的士人心灰意冷，不願再主動承負社會良心的責任，游心於道家的「獨善其身」。與此同時，經學做為官方的意識形態（指帶有濃重讖緯色彩的今文經學）也走入死胡同。有幸此時的經學大師鄭玄、王肅(195－256年)之間的爭議改變了經學發展的方向。「鄭、王二人融今古文經學方法，把漢儒苦心整理那些被秦火毀壞的儒家經典的章句訓詁方法推陳出新，遍注《詩》、《書》、《易》、《禮》、《春秋》、《孝經》、《論語》群經，破除經學各派的隔閡」❺。然而，這兩位經學大師的努力並未挽救經學的頹勢，他們之間關於經學方法論的爭議更加速了經學走向衰亡。王肅把鄭玄業已篡改的漢代經學方法，乾脆再來一次扭曲，他在批駁鄭玄易字釋經的同時，又更變古訓，「王肅不好鄭氏學，人之所見不同亦何害？乃必有意與鄭乖異，甚且不憚改經、改古人相傳之古訓，以申其所獨見」❻。鄭玄遍注群經，建立通學，已破漢經學家法；王肅進一步突破循先人訓詁、考據解經，背離漢經學，使主觀認識滲入經學之中，從而使考據訓詁在學術上的地位驟降，義理探究、主觀發揮漸成風氣。

漢末魏初，學術界藉鄭王之爭偏離經學軌跡之大勢，解放思想，跳出經典訓詁考據之藩籬，在劇變的時代，認眞地考慮人與自然的關係，人與人的關係，人與社會的關係。天道觀，自然與名教，「有」與「無」成爲新的探討主題。擺脫儒家經學羈絆之後，學界的首要任務就是對比儒、道兩家的異同。起初，知識層

---

❺辛旗《中國歷代思想史·魏晉南北朝隋唐卷》第二章〈魏晉玄學的思想源流〉，文津出版社，1993年版，第36頁。

❻《皇淸經解》卷三百八十九。

未廢棄六經，仍以孔子(前551－前479年)爲聖人。爲體面地、順乎自然地從經學轉向道家，他們選中了儒道兩家天道觀的聯繫作爲起點，因爲《易經》象數之學所強調的「大衍之數其一不用」與《老子》的「道生一，一生二，二生三，三生萬物」之說極可比附。這樣，《老子》、《莊子》、《周易》三書就成爲義理探究的必備教材，道家的「天道」與儒家的「天人之際」通過這三本書融合爲「玄遠之旨」，三書合稱爲「三玄」，玄學的學術基礎由此奠定。

經學發展方向的轉變與各地士族知識份子在漢末魏初的「清議品評風尚」及「名理」思潮是同步的。二次黨錮之禍後，士人懾於殘酷的殺戮，清議再不牽涉朝政，而變爲地方士族知識份子相互激勵的一種道德行爲，並與民間鄉飲酒禮相結合。當時最有名的清議品評大師是許劭(150－195年)兄弟及郭泰(128－169年)，「劭與靖俱有高名，好共覈論鄉黨人物，每月輒更其品題，故汝南俗有月旦評焉」❼。郭泰的清議品評引用老莊的概念，使人物評價與哲學思辨結合起來。東漢覆亡，群雄併起，清議品評成爲各地方割據軍閥招賢納士、爭奪人才的線索。清議主流所在的中原地域，曹魏政權推行法家之術，任才不任德，清議名士如孔融之流堅持道德論人品類之方式，又遭殺身之禍。知識階層不得不改「清議」爲「清談」，不多涉及具體實質內容與是非得失，寧願運用先秦「名家」之說引出一些高妙抽象的爭論，做些邏輯上的和文字上的遊戲。

清談之風影響到官場，一大批官吏配合魏武帝曹操的法術，

---

❼《後漢書》卷六十八，〈許劭傳〉。

在官制上爲「唯才是舉」做「名實相符」的名理論證，導致名理思潮勃興。魏晉的名理應用先秦名家的「名實之辨」的邏輯方法，綜括孔子的「正名」之義，老子(約前571－前472年)的「無名有名」之說，韓非(約前280－前233年)的「刑名」之旨，創出一種龐雜的形而上學認識方法。名理思潮在魏文帝曹丕在位時有了施展的機會，曹丕頒定的「九品中正」選官制度需要以抽象的邏輯歸納方法品評士人的等級，量才授官。魏初名理思潮集中在人的才性問題上，比較務實，談才性者多是名士兼官吏，如劉劭、傅嘏(209－255年)、鍾會等。鍾會是鄭玄門生鍾繇之子，他總結了與傅嘏談論的才性問題，將才性歸結爲「用」與「質」之間的關係，開啓了通向「有無」、「體用」、「言意」等諸多抽象思辨命題的大門。從鍾會以後，名理思潮所探究的重點遠避開政治人事，指向「有無」、「體用」、「言意」、「名教自然」等純粹哲學問題，「才性名理」逐漸走向「玄學名理」，玄學開始具有本體論哲學的實質內涵。

魏正始年間對《易》研究方法上的突破，最終使玄學在理論站穩腳跟，徹底跳出漢代經學陰陽五行讖緯迷信的怪圈，成爲獨立的學說，創造了中華思想史上第一個眞正的哲學本體論。魏初，易學受名理思潮衝擊，亦吸收「義理」方法，一些漢末經學大師的後裔或門生紛紛在治易時對爻象、數術、互體等方法發難。鍾繇之子鍾會主張「易無互體」，開始擯棄象數，用老子之說解釋《易經》。與鍾會同樣年輕的天才哲人王弼承襲荊州易學派以揚雄《太玄》解《易經》、以王充《論衡》入道家理論殿堂的思維脈絡，作《易·略例》譏諷「互體」方法，開創新易學，用老莊的「有無」之論一掃爻象對應陰陽五行的讖緯方法。王弼甚至擺脫樸素唯物論所言「氣」的本體觀，直論萬物存在的抽象根據。正始時期，玄學名士們的思維開始拔出具體物象演繹的沼澤，直飛抽象思辨的廣闊天空。尤其是王弼對《易·大傳》「大衍之數五十，其用四十有九」的新解釋，引出了「有無」、「言意」、「體用」等哲學本體論層次的問題。王弼藉《老子》的「無」與《易經》的「太極」（一）相黏合，「《老子》云有生於無，語亦爲漢儒所常用。但玄理之所謂生，乃體用關係，而非謂此物生彼（如母生子等），此則生其所生，亦非漢學所瞭解之生也。漢學元氣化生，固有無物而有氣之時（元氣在時空以內）。玄學即體即用，實不可謂無用而有空洞之體也（體超時空）」❽。正始年間玄學對《易經》解釋方法的突破，是對先秦抽象思辨的回歸；是人主觀思辨能力的解放；是有意識建立超越物象的本體哲學。「此中有眞意，欲辯已忘言」是對這種抽象思辨方法的形象概括。

漢末魏初，玄學興起所帶來的思想大解放是大一統政治崩潰之必然結果，此間個人的主觀主體意識對時代思想之發展起著偌大的作用。舊易學、漢經學的固守者荀氏家族及管輅等人曾鄙斥用老莊思想解《易經》的人是「背爻象而任心胸」。「任心胸」眞是對抽象思辨風彩及人的主體意識覺醒的恰當概括。玄學諸人哪一個不是超然物外、任心胸呢？由於方法論的突破，才使玄學在自然、名教、天道、人生、藝術各領域都有了超越先秦、兩漢的嶄新思想。

魏晉玄學因蘊孕著人格覺醒後的反思，所以不僅表現爲理性

---

❽《湯用彤學術論文集》，北京中華書局，1983年版，第249頁。

思辨，還賦有極其強烈的感情色彩。那個時代的詩文、繪畫、書法、雕刻，理論上依賴玄學而發展，表現形式上，深沈、浪漫、飄逸、玄遠集於一身。只有在大悲、大喜、大開大闔、大災大難的時代方能凝煉出這等的氣魄：「至人無宅，天地所容；至人無主，天地所有；至人無事，天地爲故」，「世之名利胡足以累之哉！」❾。「目送歸鴻，手揮五弦，俯仰自得，游心太玄」❿。「生命何幾時，慷慨各努力」⓫。「籠天地於形內，挫萬物於筆端」⓬。「縱浪大化中，不喜亦不懼，應盡便須盡，無復獨多慮」⓭。這些名句所抒發的是天人之間的情懷；是超越時空的永恆體驗；是把握人生、宇宙之眞諦後，語言無拘無束的自然流露。

第二節　正始名士的清談

曹魏黃初年到正始年的一段時期，政界一直存在著有關「改制」的爭論。「追踪上古」⓮一派主張對政治制度實質性變革，對「改正朔」不感興趣；他們背棄「五行三統」⓯的政治法則，

❾《阮步兵集·大人先生傳》。
❿《嵇中散集·贈秀才入軍》。
⓫《阮步兵集·詠懷詩其一》。
⓬陸機《文賦》。
⓭《箋注陶淵明集》，〈讀山海經〉。
⓮夏侯玄致書司馬懿云：「公侯命世作宰，追踪上古。」實際司馬懿是主張「效法三代」的。
⓯「三統」即天統、地統、人統，「五行」指水、火、木、金、土。五行三統是以陰陽五行說明王朝更迭，其理論基礎是讖緯象數之學。

以玄學或形而上學爲理論基礎。相反，「取法三代」⑯一派則以「三代」(夏、商、周)之「古」，對抗「上古」(三皇五帝)之「古」；堅持漢代以來的五行三統的政治法則以及陰陽五行讖緯的哲學體系。魏明帝時，「取法三代」一派得勢，玄學思潮受到壓制；魏齊王芳正始年間，「追踪上古」派得勢，導致五行三統法則的終結和玄學清談的全面復興。

正始玄學毫不例外地如所有傳統學說一樣「究天人之際」。其論「人」就是治國經世之政治理論，正始改制就是此理論的實踐。其論「天」就是玄學清談，是對漢代經學讖緯的徹底清算，她越過了三代而走「追踪上古」之道，跳出了五德終始和三統循環的窠臼，形成了新的理論體系。嶄新的學說需要嶄新的形式，玄學的產生就是在當時知識階層，王公貴族的各類學術辯論的聚會之中悄然而成風勢。

正始玄學的清談是漢末清談的繼續，而二者又都是政治清議和社會變革在理論上的反映。正始玄學清談蔚然成風有一醞釀的過程，魏文帝曹丕黃初末年，荀粲(生卒不詳)認爲，「子貢稱夫子之言性與天道，不可得聞，然則六籍雖存，固聖人之糠秕」，聖人的「象外之意，繫表之言，固蘊而不出」⑰。荀粲開始貶低「六經」，欲申揚聖人本旨，帶有極大的個人主觀自覺意識。到魏明帝太和年，清談出現了高潮，荀粲到京邑與傅嘏談，裴徽(生卒不詳)於中協調，荀粲又與夏侯玄過從甚密。「何晏、鄧颺、夏侯玄並求傅嘏交，而嘏終不許，諸人乃因荀粲說合之」

---

⑯《魏志·傅嘏傳》：「然儒生學士咸欲錯綜以三代之禮。」

⑰《魏志·荀彧傳注》引何劭〈荀粲傳〉。

⑱。此時清談的內容多爲「好老莊言」⑲，對《周易》尚不重視，未形成完整的「三玄」玄學，可視爲正始玄學清談的準備。但這次清談高潮僅維持兩三年，魏明帝太和四年(230年)，因「浮華交會」(聚衆辯論、引導新思想)之罪名，何晏、鄧颺、夏侯玄、丁謐、李勝等都被「免官廢錮」⑳。直到魏齊王芳正始初年，才得以復出。

魏齊王曹芳在魏明帝去世後由曹爽、司馬懿輔政，因曹爽係魏宗室，且軍權在握，一時權傾。曾在明帝時受排擠的「追踪上古」改制派(同時也是玄學名士)開始有了轉機。同樣與魏宗室有極深淵源的何晏受到力圖改制，打擊豪強，提高皇權地位的曹爽的重用與拔擢。於是，明帝時遭禁錮的「浮華交會」之徒重得官位，成爲當權派，並著手在「天」(哲學)「人」(政治)兩方面進行大的改革。有關政治改革的內容本書從略，僅側重談其造就的玄學。

從現存史料看，正始前六年，名士清談的組織者是曹爽和何晏，最具代表性的清談有兩次：其一由曹爽組織，何晏在辯論中取勝㉑；其二由何晏主持，王弼脫穎而出㉒。此時，夏侯玄在長安主持對蜀作戰軍務。正始名士清談開始「三玄」(《老》、《莊》、《易經》)兼顧，《周易》的內容大量地在談辯中引用。至正始七年之後，夏侯玄參與清談，著〈本玄論〉，正始改

---

⑱《世說新語·識鑒》。
⑲《魏志·曹爽傳》附〈何晏傳注〉，稱晏「少以才秀知名，好老莊言」。
⑳《魏志·諸葛誕傳注》引《世語》。
㉑《世說新語·文學》：「何晏爲吏部尙書……王弼未弱冠往見之。」
㉒《北堂書鈔》卷九十八引〈何晏別傳〉：「曹爽常大集名德，長幼莫不預會。」

制亦大規模實施，這標誌著玄學思潮的正式確立。正始元年至八年可謂玄學清談的第一階段，此時的清談基本上符合「三玄」的原則，即以伏羲、文王、孔子爲聖，以老莊爲「上賢亞聖」。認定聖人體道而不論道，體無而不說無；上賢不能體道卻樂於論道，不能體無卻常言無㉓。正始八年以後，玄學清談明確地以《易》、《老》、《莊》爲主要內容，此時社會政治方面的改制業已落實，自曹丕禪代東漢之後的「追踪上古」派宣揚了四十餘年的新制度（包括選官制度、中央地方機構編制和等級禮教制度）由理想變成了現實。然而，皇權的鞏固無疑打擊了豪強世族，司馬懿爲代表的「效法三代」派伺機反撲，清談名士們一方面對曹爽剛愎自用，「驕奢」、「專競」無可奈何；另一方面憂心忡忡地注視，「加變易朝典，政令數改，所存雖高而事不下接，民習於舊，衆莫從之」的局面㉔。名士們開始重新反思改制的理論基礎——「三玄」：強調「追踪上古」須與三代以來的名教相貫通，闡發「上古之道」與「三代之治」的本末體用關係㉕。《周易》更受重視，被視爲上古與名教的雙重經典，注《易》成爲學界一時的風尚。上一階段玄談中是《易》助《老》、《莊》，到此階段可稱：《老》、《莊》助《易》，玄學更加成熟，更爲精緻化、理論化。

與正始玄學兩個階段的劃分一樣，正始名士的玄學著作可分

㉓指正始初年裴徽與王弼的討論：「時裴徽爲吏部郎，弼未弱冠，往造焉。徽一見而異之，問弼曰：『夫無者誠萬物之所資也，然聖人莫肯致言，而老子申之無已者何？』弼曰：『聖人體無，無又不可以訓，故不說也。老子是有者也，故恆言無，所不足(也)。』」

㉔《三國志·魏書》卷二十八，〈王凌傳〉注引《漢晉春秋》。

㉕王葆玹《正始玄學》，齊魯書社，1987年版，第116頁。

爲老學、易學兩類。兩類都是「三玄」結合，但前者以老子學說爲主，後者以易學爲主。而且，老學盛行於正始八年以前，易學風起於正始八年之後。如夏侯玄〈本玄論〉、何晏〈道德論〉都採用《老子》箋注形式，都在正始八年以前成書。正始九年何晏向管輅問《易》九事，夏侯玄著述也向易學轉移。管輅認爲「注《易》之急，急於水火」，反映出知識界對玄學主流的關切。正始八年後，鍾會作〈周易盡神論〉、〈周易無互體論〉，王弼作《周易注》。

正始八年之所以成爲玄學清談、著作二階段的分水嶺，其根源仍是改制。正始前期，對東漢名教之治及曹魏刑名之治不滿的學者，歸附於亟欲重振的皇權，以改制帶動學術上徹底否定漢經學。「農黃之化，在乎己身；周孔之業，棄之度化」成爲玄學的政治標籤，《老》、《莊》成爲改制的依據。正始八年後，改制完成，弊端出現，加之舊勢力的反對，改革風雨飄搖。玄學需要給新制以更強的理論根基，需要一種與漢經學一樣的具有邏輯體系的較爲精緻的理論模式，這樣一來，《易》學成爲玄學的主流。

正始名士的代表是何晏，他也是改制與興起玄學思潮的領導者。但是，他代表的玄學名士們所處政治集團(「追踪上古」派)的首領曹爽偏偏是個只重物質享樂與權力攫取，單純以皇權壓制豪族的凡夫庸才。這決定了正始名士們的命運是非常悲慘的，也決定了魏晉玄學以後的發展方向——即逐漸地遠離現實政治與社會。正始九年，司馬氏父子與曹爽、何晏兩大集團的鬥爭白熱化，而且強弱之勢日趨明朗，許多有識之士，包括曾是玄學名士的官僚，已察覺司馬懿將取得優勢。他們紛紛退出政治漩渦觀望時局，如山濤於官舍半夜驚醒，棄官而逃；阮籍托病向曹爽辭官回鄉。何晏雖已預感到形勢嚴峻，但事已至此，騎虎難下。正始九年十二月，何晏與象數學家、筮卜術士管輅談易學，竟在相談義理十分投緣之後，求管輅爲其算命。管輅一反常態地僅用易經〈謙卦〉、〈大壯卦〉義理告誡何晏謙遜謹愼，居安思危。後來，何晏寫下一首五言詩表達自己的感受㉖：

鴻鵠比翼遊，群飛戲太清。
常畏大網羅，憂禍一旦並。
豈若集五湖，從流接浮萍。
承寧曠中懷，何爲怵惕驚。

第三節　竹林名士與「越名教而任自然」

當正始名士將玄學研究的重點轉向《周易》，從更抽象的層次去探究理想完美的人格，去調和個體與社會、自然與名教之衝突的時候，一場因政爭引發的兵變切斷了玄學家們的思維脈絡，改變了玄學發展的方向。魏齊王嘉平元年（正始十年，249年）正月，太傅司馬懿趁大將軍曹爽等隨駕奉齊王芳謁高平陵之機，發動兵變，一舉網羅了「追踪上古」派及曹爽集團的主要成員，旋即殺掉曹爽、曹羲以及何晏、丁謐、鄧颺、畢軌、李勝、桓範（？－249年)等大批名士，「皆夷及三族，男女無少長，姑姊女

㉖《世說新語·規箴》注引〈名士傳〉。

子之適人者皆殺之」㉗。一時間血雨腥風，「名士減半」㉘。司馬氏父子把因改制觸及世族暨建安舊臣利益的一場政爭變成了篡魏削弱曹氏宗親的屠殺行爲，原本支持司馬氏的如蔣濟、孫禮一班魏室老臣發覺被利用，但爲時已晚。司馬氏的屠刀已對準了所有的人，隨時排除阻礙他們篡魏的人。嘉平二年，繼大將軍位的司馬懿之子司馬師殺掉了譏諷恢復中正選官是袒護門閥的玄學名士夏侯玄、李豐、許允等，隨即廢齊王芳另立高貴鄉公曹髦。幾年後，司馬師之弟大將軍司馬昭又殺掉高貴鄉公，以至於「司馬昭之心，路人皆知」。

早在正始末年，玄學迅速分化，原與何晏、王弼「玄遠」之說不同的「名理才性」論者，如傅嘏、鍾會等完全倒向司馬氏集團，這也因爲「才性名理」一派恪守「名教」，被主張「效法三代」的司馬氏集團賞識。玄學中「才性名理」派與司馬氏結合後，立即喪失了名辨色彩，實質上已非玄學。高平陵之變後的幾年中，正始之音消逝了，正始名士大都被「才性名理」派唆使司馬氏以嚴守孔孟禮法名教的名義殺戮迫害。稍遠於政治漩渦的玄學名士或避於山林，或改變反抗的方式。當年(正始八年、九年)，爲迎合正始玄風又迴避朝中改制之爭，民間玄學名士的「竹林之遊」㉙，到此時竟然以高舉莊子學說之旗幟儼然成爲新的玄學主流，阮籍、嵇康、劉伶等人爲主要代表，他們是改變反

㉗《晉書》卷一，〈宣帝紀〉。

㉘《三國志》卷二十八，〈王淩傳〉注引《漢晉春秋》。

㉙《三國志·魏書·王粲傳》注引《魏氏春秋》：「（嵇）康寓居河內之山陽縣……與陳留阮籍、河內山濤、河南向秀、籍兄子咸、琅玡王戎、沛人劉伶相與友善，於于竹林，號爲七賢。」

抗方式的一群名士。

竹林名士代表著一大批玄學知識份子在血腥鎮壓的政治恐怖氛圍中，對君王之制開始厭惡，對「名教」恨之入骨。因爲司馬氏集團在動手殺戮曹氏集團以前一直謙卑地自詡爲「三代禮教」的信奉者和「效法三代」以改制的正宗維護人。而事實證明他們不僅虛僞，而且貪婪殘暴，儒學禮教完全成爲他們堂而皇之屠殺異己的憑藉。阮籍在其所著〈大人先生傳〉中悲憤地說道：

> 君立而虐興，臣設而賊生，坐制禮法，束縛下民。欺愚誑拙，藏智自神。強者睽眂而淩暴，弱者憔悴而事人。假廉以成貪，内險而外仁。

今人馬良懷認爲：「鑒於此，竹林名士拋棄了旨在調和個體與社會，自然與名教之矛盾的道本儒末理論模式，開始了理論上的新探索，由此產生出阮籍、嵇康、劉伶等人所建構的『越名教而任自然』的重建模式。」[30]竹林名士們暫時停止了正始玄學抽象的理論思辨，將對天道的探索完全轉向對人格、人性，人與社會之關係全面反思。「超名教而任自然」就是這種反思的結論，而反思所運用的理論武器就是道家名著《莊子》，竹林名士是莊子學說的倡導者，這仿佛是冥冥中的安排：玄學初期老子學說盛行；玄學創立易經學說盛行；玄學轉向時莊子學說盛行，似乎「三玄」都有其時代賦予的特徵。

「越名教而任自然」思想是在司馬氏掌權後否定曹爽、何晏

---

[30]馬良懷《崩潰與重建中的困惑》，中國社會科學出版社，1993年版，第109頁。

改制，恢復舊禮法制度，「取法三代」之下公開提出來的，具有很強的針對性。就是要反對司馬氏褒揚的儒家禮法名教，就是要「非湯武而薄周孔」㉛。「任自然」一方面表明了竹林名士對司馬氏政治上的不合作態度；另一方面是「以莊周爲師」塑造理想人格，追求個人的主體意識，從生命存在以及與萬物的關係上體驗人的價值。竹林名士的政治傾向決定了他們的「理想人格」具有反社會的性質，而他們的社會實踐與個人生活行爲更證實了這一點。反社會崇尚自然的結果，必然是珍惜人生，珍惜能達到精神超脫境界的形體。所以，竹林名士重道家、道教的「養生保神」，希望神與形能在生命中和諧地統一，「修性以保神，安心以全身」㉜。

「越名教而任自然」的竹林名士的莊子學說以及他們的社會實踐並沒有對當時黑暗的政治產生絲毫的影響，反而給他們自己的身家性命帶來了諸多麻煩。這使竹林名士陷入了比正始名士更爲痛苦的境地：政治上，他們時時面臨要公開政治傾向的壓力，做官屈服司馬氏才能保全性命；人格上，他們既要實踐自己塑造理想人格，去「越名教而任自然」，又要牢記自己的社會責任，在社會實踐及政治行爲上不隨波逐流。這必然產生選擇的痛苦，嵇康在〈卜疑集〉㉝中將這種痛苦表達得淋漓盡致：

吾寧發憤陳誠，讜言帝廷，不屈王公乎？將卑懦委隨，承

㉛《嵇中散集》卷二，〈與山巨源絕交書〉。
㉜《嵇中散集》卷三，〈養生論〉。
㉝《嵇中散集》卷三，〈卜疑集〉。

旨倚靡，爲面從乎？寧愷悌弘覆，施而不得乎？將進趣世利，苟容偷合乎？寧隱居仁義，推至誠乎？將崇飾矯誣，養虛名乎？寧斥逐凶佞，守正不順，明否臧乎？將傲倪滑稽，挾智任術，爲智囊乎？寧與王喬、赤松爲侶乎？將進伊摯而友尚父乎？寧隱鱗藏彩，若淵中之龍乎？將舒翼揚聲，若雲間之鴻乎？寧外化其形，內隱其情，屈身隨時，陸沈無名，雖在人間，實處冥冥乎？將激昂爲清，銳思爲精，行與世異，心與俗並，所在必聞，恆營營乎？寧寥落閑放，無所矜尚，彼我爲一，不爭不讓，遊心皓素，忽然坐忘，追羲農而不及，行中路而惆悵乎？將慷慨以爲壯，感慨以爲亮，上干萬乘，下凌將相，尊嚴其容，高自矯抗，常如失職，懷恨怏怏乎？

從這些悲涼切骨的發問中會感到竹林名士「消極地反抗政治黑暗，以人性爲尺度，欲望爲準繩，衡量自然、禮法對人性孰更有益處，站在自然主義立場上對禮法名教挑戰。他們對儒家的抨擊與其說是理論上的，毋寧說更帶有政治和感情的色彩」㉞。竹林名士的選擇一言以蔽之：入世與出世的問題。入世可擺脫孤獨的痛苦和社會責任感的煎熬，但又面對違背自身設定之理想人格的痛苦，面對從俗保命抑或持節喪生的抉擇。出世可不受名教的束縛，消除官場應酬的痛苦，但又要陷入被社會完全拋棄之後的巨大精神孤獨之中。這種入世與出世選擇上的矛盾衝突，加上竹林名士身世、性格、氣質、政治傾向的不同，最終使他們走出竹

㉞辛旗《中國歷代思想史·魏晉南北朝隋唐卷》，文津出版社，1993年版，第62頁。

林隱居之地，「竹林七賢」與竹林之風開始分化，各顯異質。

阮籍爲求保身，出任司馬氏的官吏，任上虛應故事，以放佚的行爲躲避政治爭議，用狂飲酒食在官場上自造歸隱之山林。他注重莊子之說，形成與玄理、才性名理不同的一派，可稱爲放達派，劉伶、阮咸可算此派中人。嵇康剛強疾惡，尙俠任氣，對司馬氏的「名教」不屑一顧，他談老莊玄論之外，兼論名理，與「才性名理」派中附依司馬氏的鍾會直接衝突。「鍾士季(會)精有才理，先不識嵇康。鍾要於時賢儁之士俱往尋康。康方大樹下鍛，向子期(秀)爲佐鼓排，康揚槌不輟，傍若無人，移時不交一言。鍾起去，康曰：『何所聞而來，何所見而去？』鍾曰：『聞所聞而來，見所見而去』」[35]。後來，鍾會竟以嵇康朋友呂安被誣告，呂安要嵇康作證一事，勸司馬昭殺害了嵇康。嵇康激烈的反名教傾向可稱爲竹林七賢中的「忤世派」。山濤於竹林隱身自晦，有待價而沽的意思，他四十歲時往見司馬師，以後在官職上步步高昇。向秀深諳「內聖外王之道」，他注《莊子》實際上是爲自己去當官做晉身之階，他的「儒道爲一」[36]是勸司馬氏政權容忍名士以鞏固地位的一種策略。向秀本與嵇康爲至交，但嵇康被殺不久，他就在司馬昭面前唾棄嵇康，謀得黃門侍郎的官職[37]。王戎少年時異常聰穎，極爲阮籍欣賞，成忘年交，後因王氏家族有人是司馬氏篡魏的功臣，連帶走出竹林入仕途。他在儒、道問題上左右逢源，把「才性名理」派的辯才全用在如何表現得似道非道，似儒非儒上。他的那些貪嗇、斂財、治產、籌算、鑽

---

[35]《世說新語·簡傲》。
[36]謝靈運〈辨宗論〉。
[37]《世說新語·言語》。

核等劣跡爲世人所不齒，但這些「異行」實際上也是這位極聰明之人的「韜晦之計」，以表白他無任何政治的野心。山濤、向秀、王戎三人可稱爲「順世派」，他們完全回到名教所規定的那條「建功立業爲人生追求的極致」傳統的路子上去了。

竹林名士之中嵇康徹底地追求了「越名教而任自然」的理想人格，雖然他死前一直也處在選擇的苦痛中。而阮籍始終沒有實現他塑造的「大人先生」那種人格境界。他的性格、身世、思想決定了他一生都在出世與入世的選擇之中，這也恰恰構成了阮籍人格的悲壯、深邃，阮籍思想的率性任情和阮籍命運的悽愴蒼涼。

第四章　阮籍的自然本體論思想

第一節　從貴無論到自然論

魏晉玄學的發展過程，若從哲學意義上看，經歷了正始之音的本末有無論、竹林之風的自然生成論、元康之放的內聖外王論，直至東晉之逸的玄佛合一論。其間，阮籍作爲竹林之風的領袖人物，其自然本體論思想直接促成了正始玄學向竹林玄學的嬗變。雖然，就阮籍個人思想而言，也有一變化過程：早年信奉儒家學說，後援道入儒，以《老子》書釋解《易經》，晚年竭力宣揚莊子學說。但是，這一變遷並未影響阮籍的自然觀，他始終堅持了他的萬物一體思想。

阮籍自然、天道觀念形成的背景與當時對宇宙、自然觀念的思想革命是分不開的。

一、玄學的本體論源於荊州學派對王充思想的繼承及對《易》與《太玄》的新注解

正始玄學的本體論是由漢末批判思潮中逐漸演化而來的。它一反漢儒煩瑣的經學思維模式和考據的治學方法，把漢末的名實之爭推向本末有無之辨，通過對於抽象邏輯範疇的「辨名析理」❶，闡述了以無爲本的本體論學說。東漢末經學特重讖緯陰陽，

---

❶丁懷軫〈從名實之爭到本末有無之辨〉，《社會科學戰線》1987年第4期。

章句繁瑣走到盡頭，王充在反迷信的同時指出儒生已達到「陸沈」、「盲瞽」❷的境地，非得震聾發饋無以明義理而經世致用。幸有鄭玄博通古今，開展經學簡化運動，但仍未對代讖緯化的陰陽五行宇宙構成模式進行反思。後中原戰亂，部分治學大家南遷至荆州，以劉表爲中心形成荆州學派，對鄭玄學說重新整理，加以繼承與揚棄。王粲〈荆州文學記〉❸說：

> 有漢荆州牧劉君……乃命五業從事宋衷(忠)所作文學延朋徒焉。宣德音以贊之，降嘉禮以勸之。五載之間，道化大行。耆德故老綦毋闓等負書荷器，自遠而至者三百有餘人。

劉表領導的荆州學派開始注重抽象的哲學思辨，並在治學方法上加以改善。《後漢書補注》卷十七〈劉表傳〉引〈劉鎮南碑〉❹說：

> 君深愍末學遠本離直，乃令諸儒改定五經章句，删劃浮辭，芟除煩重。

該學派中宋衷(？－219年)注揚雄的《太玄》爲天下所重，近人湯用彤(1893－1964年)、賀昌群先生均認爲此注爲發明玄理

---

❷王充《論衡·謝短》。
❸嚴可均《全後漢文》卷九十一。
❹嚴可均《全三國文》卷五十六。

之作❺。荊州學派對《易》與《太玄》的新注解實爲魏晉自然天道觀轉變的關鍵，有了它才會有王弼、何晏大振玄風，提倡治《易》「得意忘言」，摒除象數，獨明本體。

二、王弼、何晏以道家「自然無爲」，開啓「以無爲本」的本體論

「王弼之家學，上溯荊州，出於宋氏。夫宋氏重性與天道，輔嗣好玄理，其中演變應有相當之聯繫也。又按王肅從宋衷讀《太玄》，而更爲之解，張惠言說，王弼注《易》、祖述(王)肅說，特去其比附爻象者。此推論若確，則由首稱仲子(宋衷)，再傳子雍，終有輔嗣(王弼)，可謂一脈相傳者也」❻。王弼繼承了荊州學派先輩們（後多被曹丕殺掉，包括死於魏諷之難的宋衷）的大量著作❼。我們不否認王弼的哲學天賦，但筆者認爲王弼的著作許多是荊州學派先輩們的遺作，因爲社會氛圍不允許，一直未刊行於世。到王弼時，拿出來稍加整理，融會貫通，於是玄學大振。王弼一人在思想史的功業其實是荊州學派集體的智慧，想起那些被政爭殺戮埋沒的思想家，眞是可惜可嘆！

王弼本體論的創建，得力於王充《論衡》甚多。《論衡》徹

❺湯用彤《王弼之周易論語新義》，第86頁。賀昌群《魏晉淸談思想初論》，第61－62頁。

❻湯用彤《王弼之周易論語新義》，第266頁，中華書局，1983年版《湯用彤學術論文集》引蒙文通《經學抉原》，第38頁。

❼王弼雖未居荊州，但家世與荊州有關係。山陽人劉表曾受學於同郡王暢，漢末，王暢的孫子王粲與族兄王凱避亂去荊州依劉表。表以女嫁王凱。在荊州的蔡邕賞識王粲，死前給他數車書籍。後王粲的二子與宋衷死於魏諷之難。王家的書籍歸王凱的兒子王業所用，王弼是王業之子，擁有了這批珍貴的書籍。

底批判了漢代經學中的陰陽災異之說，提倡道家「自然無爲」的天道觀。王充說：

> 天動不欲以生物，而物自生，此則自然也。施氣不欲爲物，而物自爲，此則無爲也。❽
> 夫天道，自然也，無爲。如譴告人，是有爲，非自然也。黃老之家論說天道，得其實矣。❾

王弼、何晏將黃老道家的自然觀與治《易》的抽象方法結合起來，形成了貴無論的本體論。其內容大致有三：

第一，天地萬物，以無爲本。何晏說：「天地萬物皆以無爲本。無爲者，開物成務，無往不成者也。」❿王弼說：「天下之物，皆以有爲生。有之所始，以無爲本。」⓫第二，萬物皆以「無」爲體，以「有」爲用。王弼說，「萬物雖貴，以無爲體，不能捨本以爲體也。捨無以爲體，則失其爲大矣」⓬。又說，「有之所以爲利，皆賴無以爲用也」⓭。第三，萬物皆動，唯有本體寂靜不動。王弼說，「凡動息則靜，靜非對動者也。語息則默，默非對語也。然則天地雖大，富有萬物，雷動風行，運化萬變，寂然至無，是其本矣」⓮。

---

❽王充《論衡·自然》。
❾王充《論衡·譴告》。
❿《晉書》卷六十五，〈王衍傳〉。
⓫《王弼老子注》第四十章。
⓬《王弼老子注》第三十八章。
⓭《王弼老子注》第十一章。
⓮《王弼周易注·复卦》。

三、本體學說從貴無論到阮籍自然論的演化

王弼、何晏的以無爲本的本體論，在哲學層面上超越了漢代經學的宇宙生成論中陰陽五行模式及災異讖緯的「譴告說」目的論，其理論意義在於恢復了儒學自然觀的樸素唯物論的性質，創造了抽象的哲學本體論。但是，這種脫胎於《易》《老》，受益於王充《論衡》的本體論，仍存在著一些內在的矛盾與局限。比如說，本體「無」的確立，並未使王弼、何晏的正始玄學，眞正擺脫漢儒宇宙生成論的影響，尤其是在理論上沒有貫穿「有無一體」、「體用不二」的思想，所以難以解決本體「無」的由靜而動，從「無」到「有」的問題。不得不重借宇宙生成具有一具體過程的思想，用「母生其子」的命題來處理本體之「無」與萬物之「有」的關係，造成本體論與生成論在「有」、「無」問題上並用，出現較大的理論混亂。同時，玄學自身演進中，由重《易》向重《老子》轉變，老子的思想又是與莊子思想相關聯的，《莊子》一書也逐漸受到重視。恰好在此時，正始玄學名士逢「典午之難」，思維發展的脈胳被突如其來的政治風暴所斬斷。阮籍在此背景下，代表著一大批玄學名士，在險惡的政治環境下，開始轉而研究《莊子》，以「生年不滿百，常懷千歲憂」的人格主體意識，將正始玄學貴無論的本體學說發展爲萬物一體的自然論。

第二節　阮籍的自然觀

阮籍對自然的理解，繼承了王充自然觀的唯物特性，強調

「氣」是構成客觀物質世界的基礎。

一、自然是充滿了「氣」的無邊宇宙，它衍生了天地萬物

阮籍認爲，「天地生於自然，萬物生於天地。自然者無外，故天地名焉。天地者有內，故萬物生焉」⓯。自然在時間上是無始無終的，「莫究其極」⓰。充滿其間的是「氣」，「天地煙熅，元精代序，淸陽曜靈，和氣容與」⓱。「混元生兩儀，四象運衡璣。曒日布炎精，素日垂景輝」⓲。班固曾在〈通幽賦〉中說:「渾元運物」，曹大家注曰:「渾，大也，元氣運轉也。」⓳阮籍與班固的看法是一致的，「混元生兩儀」，就是把元氣看做是天地萬物產生的根源，「至道之極，混一不分，同爲一體」⓴。「氣」的存在狀態是「混一不分」，「瀁瀁洋洋，飈湧雲浮」，它沒有任何的神秘主義成分，沒有任何的精神主宰。這樣，阮籍旣排斥了漢儒的神學目的論的陰陽五行「氣」說，又摒棄了漢末象數易學對《周易·繫辭》中「易有太極，是生兩儀」的唯心主義解釋。阮籍闡示的是十分明確的樸素唯物論思想。

二、宇宙間萬物千差萬別，變化不已，「一氣盛衰」，都統一於氣

阮籍在〈達莊論〉中寫道:

⓯阮籍〈達莊論〉。
⓰阮籍〈大人先生傳〉。
⓱阮籍〈詠懷詩〉。
⓲同⓱。
⓳《文選·通幽賦》。
⓴同⓯。

地流其燥，天抗其濕，月東出，日西入。隨以相從，解而後合。昇謂之陽、降謂之陰。在地謂之理，在天謂之文。蒸謂之雨，散謂之風。炎謂之火，凝謂之冰。形謂之石，象謂之星。朔謂之朝，晦謂之冥。通謂之川，回謂之淵。平謂之土，積謂之山。男女同位，山澤通氣，雷風不相射，水火不相薄。天地合其德，日月順其光。自然一體，則萬物經其常。入謂之幽，出謂之章，一氣盛衰，變化而不傷。是以重陰雷電，非異出也，天地日月，非殊物也。故曰：自其異者視之，則肝膽楚越也；自其同者視之，則萬物一體也。

阮籍所強調的是宇宙間萬物存在的形態各不相同，差異很大，但都是由「一氣」構成的，其存在都有「氣」由盛轉衰的過程。從「氣」的角度講，萬物是一體的；從變化的方式講，萬物是千差萬別的。「同」和「異」都是有條件的，前者注重構成物質的質料；後者注重構成物質的形式，質料的「氣」的盛衰是爲「變」，形式的更改是爲「化」。阮籍認爲，自然界的變化最根本、最顯著的標誌就是「冷」(陰)和「熱」(陽)兩種力量交錯所產生的現象，甚至男女間的自然繁衍後代的性行爲也不例外。至於人這種特殊的自然物，其體、性、情、神也都稟自然之氣，都是「氣」構成質料與方式的不同的體現。阮籍在〈達莊論〉中說：

人生天地之中，體自然之形。身者，陰陽之精氣也。性者，五行之正性也。情者，游魂之變欲也。神者，天地之所以馭者也。

阮籍從人與自然之間的關係說明萬物一體，同生於「氣」，人又是「陰陽之精氣」構成的，人的本質在於能體現萬類(五行)的法則(正性)，人的感情是不斷變化的欲望，人的精神去認知、綜理自然，天地之存在對於人方有意義，所以說「神者，天地之所以馭者也」。阮籍從主體、客體的角度論自然，既堅持了莊周「自然爲本」，又克服了他的「蔽於天而不知人」㉑的弊端。阮籍在其所著〈通老論〉中說的「道者，法自然而爲化」㉒，其本意就是說「道」不過是效法自然的規律，用主體的認知去解釋它、規範它。

三、自然界的存在與變化是有規律可循的，「自然一體，則萬物經其常」

阮籍認爲自然界的萬物是由「氣」的不同品質及形式構成的，並有盛衰變化的過程。在自然界中沒有擬人化的神靈主宰，只有運動變化的規律起作用。「天地合其德，日月順其光，自然一體，萬物經其常」，「易順天地，序萬物，方圓有正體，四時有常位」㉓。阮籍認爲規律的最根本表現就是自然界的和諧統一，而自然界的和諧統一用音樂最能體現。他說，「夫樂者，天地之體，萬物之性也。合其體，得其性，則和；離其體，失其性，則乖。昔者聖人之作樂也，將以順天地之體，成萬物之性

㉑《荀子·解蔽》。
㉒阮籍〈通老論〉。
㉓阮籍〈通易論〉。

也」㉔。阮籍把自然界的規律及其和諧統一的狀況，稱爲「自然之道」，他的〈樂論〉中說：

> 乾坤易簡，故雅樂不煩。道德平淡，故無聲無味。不煩則陰陽自通，無味則百物自樂，日遷善成化，風俗移易，同於是樂。此自然之道，樂之所始也。

阮籍在〈通易論〉中更爲詳細地解釋了自然界運動的規律（易）與自然界本身（天地）之間的關係。以往對「易」有兩種解釋，其一是「天地本易」的唯心觀點，其二是「易本天地」的唯物觀點。阮籍認爲，「《易》之爲書也，本天地，因陰陽，推盛衰，出自幽微，以致明著」；「《易》之爲書也，覆燾天地之道，囊括萬物之情」。「易」是規律變化之道的總稱，「道至而返，事極而改。反用應時，改用當務。應時故天下仰其澤，當務故萬物恃其利。澤施而天下服，此天下之所以順自然惠生類也」。阮籍非常明確地闡明「易」不是「神明」臆造，而是事物適應條件變化而不斷調整其存在方式的一種規律。由此，他得出結論：「天地，易之主也；萬物，易之心也」㉕。今人孫叔平教授指出：「『易』並不超越天地萬物，而隸屬於天地萬物，這是從未曾有的、最明確的對《易》的唯物主義的解釋。」㉖

第三節　阮籍自然觀中的兩個重要概念：「道」與「神」

㉔阮籍〈樂論〉。

㉕阮籍〈通易論〉。

㉖孫叔平《中國哲學史稿》卷上，上海人民出版社，1980年版，第411頁。

理解阮籍自然本體論具有承上啓下之學術意義，就必須要弄清其自然觀中的兩個重要的概念：「道」與「神」。

「道」在《老子》一書是做爲最高的自然法則來論述的，然對其規定性老子卻講得模稜兩可。莊子視「道」爲精神絕對自由的憑藉，是一種超越萬物的精神本體。王弼「以無爲本」的本體論將「道」當做一種既存於萬物，又高於萬物，需經人主體意識加以昇華的精神本體。阮籍是如何看待「道」呢？有人認爲他基本上承襲了莊子的唯心主義天道觀，主張在天地萬物產生之前有一個精神性的主宰㉗。今人丁冠之教授認爲，阮籍所言「道」是從屬於自然，是自然變化的規律㉘。筆者認爲，阮籍對「道」的理解是與他「氣爲天地萬物本原」的思想一脈相承的。他說，「道者法自然而爲化，侯王能守之，萬物將自化。《易》謂之太極，《春秋》謂之元，《老子》謂之道」㉙。顯然，他引用了《老子》「人法地，地法天，天法道，道法自然」，沒有糾纏於「道」的具體規定性（老子就因爲太具體地形容「道」的存在狀態，使人將其歸爲唯物或唯心），而是把「道」看做是自然規律。

當然，阮籍將「道」的觀念引入社會政治領域（主要是講自然與名教的關係）時就表現出局限性。他從「天道」引出「人道」，「（聖人）裁成天地之道，輔相天地宜，以左右民，順其理也」，「《易》順天地，序萬物。方圓有正體，事業有所麗，

㉗袁濟喜《阮籍嵇康異同論》。

㉘丁冠之〈阮籍〉，收入《中國古代著名哲學家評傳》續編二，第127頁，齊魯書社，1982年版。

㉙阮籍〈通易論〉。

鳥獸有所萃，故萬物莫不一也」㉚。他用「天道」附會「人道」，忽視自然規律與社會規律的差異，把自然規律也倫理化（這方面本書第五章闢有專節論述）。他在反對儒家的「分處之教」㉛時，強調「自然一體」，泯滅事物之間質的規定性的差別，陷入相對主義。這是與正始後期莊子學的興起有很大關係的，阮籍在自然觀中「道」的概念裏部分地吸收了莊子哲學中相對主義和追求絕對精神自由的思想，但這並不能說阮籍的自然觀等同於莊子。

阮籍在論述到自然界衍生萬物時，運用了「神」這個概念。他在晚期著作〈大人先生傳〉中說：

> 不知乃貴，不見乃神，神貴之道存乎內，而萬物運於外矣。
>
> 陽和微弱隆陰竭，海凍不流綿絮折，呼噏不通寒傷裂，氣並代動變如神。
>
> 時不若歲，歲不若天，天不若道，道不若神。神者，自然之根也。

阮籍旨在說明萬物運動變化是十分奇妙的，是從外部無法觀察的，神妙作用的原因是「氣」的相互作用。「神」是自然的根本。這個「神」絕不是主觀精神，而是難以把握和認知的氣的運動變化，可以說神奇的變化是自然界的根本。從此推理，就不難理解他在〈通易論〉中主張的「神物設教而天下服」㉜，其寓意

㉚同㉙。
㉛《荀子·王制》。
㉜阮籍〈通易論〉。

爲：用神奇的事物變化來教育萬民崇尚自然，才能使大家信服。阮籍在略早於〈大人先生傳〉另一著作〈達莊論〉中將「身」、「性」與「神」並用，看做人身體構成的三個要素。顯然，這個「神」是狹義的，專指人的精神變化及神奇的作用，並不能據此來得出阮籍哲學的最高概念「神」是一個精神本體之結論。

誠然，阮籍後期思想因受政治環境的壓抑，偏向莊子學說，對社會、人生採取了「齊一生死」的相對主義立場，力求達到絕對的精神自然。這決定了其自然觀中多多少少地滲入一些強調精神作用的主觀主義因素。但是，他對自然界是獨立於人的意識之外以氣的方式存在、運動這一根本看法沒有改變。雖然，他爲了發洩苦悶，冀望實現理想人格，在〈大人先生傳〉中縱橫馳騁其豐富的想像力，但仍然是在自然宇宙之間「徜徉回翔」，「登其萬天而通觀，浴太始之和風」。他沒有用自己的精神來主宰宇宙、幻想與神靈合體，而堅持宇宙是「莫暢其究，誰曉其根」㉝。阮籍的「道」、「神」兩個重要概念體現了他在自然觀上調和道、儒學說㉞，「循自然、性天地」的原則。

從阮籍的自然本體論思想可以看出：正始「貴無論」到竹林「自然論」的轉變，並非哲學思想史發展過程中由本體論向生成論的退步，不是由抽象的「無」簡單地回歸到具體的「氣」。上文所述阮籍的自然論，也沒有泛論宇宙萬物具體的生成步驟、架構與過程。而是終始圍繞著天地萬物一體這個宇宙統一性問題，這仍是一種本體學說。今人丁懷軫、丁懷超先生亦持此論㉟。阮

㉝阮籍〈大人先生傳〉。

㉞辛旗《中國歷代思想史·魏晉南北朝隋唐卷》，文津出版社，1993年版。

㉟見丁懷軫、丁懷超合著〈阮籍與魏晉玄學的演變〉，《浙江學刊》1989年第6期（總第59期），第65頁。

籍在〈通老論〉、〈達莊論〉中對自然的論述，大多是本體論式的論證。那麼，貴無論與自然論的區別是什麼？是理論思維的趨向、取向、方法、概念的不同。王弼的貴無論偏重於對世界萬有及其統一本質關係的解釋，因而強調「本末有無之辨」；而阮籍的自然論側重於世界萬物同異類之間的關係，強調「萬物一體」。

第五章　阮籍的政治思想

第一節　政治觀以歷史認知爲基礎

阮籍的政治思想是以對歷史的認知爲基礎的。他並沒有將歷史視爲一種理想的政治狀態，有多麼的美好，反而用魏晉時期的社會政治現實去設想歷史，而有「舜、禹之事，吾知之矣」的慨嘆，對典籍所載之古代聖賢亦失去信心。因此，可說他的歷史觀是歷史自有君臣之政治以來是無好壞之別的，只有壞與更壞之類，這便是典型的歷史退化論，是與老、莊思想一脈相承的，由此衍生出後面一節所敘及的「無君論」。

阮籍對歷史的認知與其自然觀又是一致的，相信有「太素之樸」未散的時代，亦即無君臣政治的時代，他稱之爲「至德之世」。即便是有後來記載中所說的君王，而實際是對自然之理頗有認識的賢人而已。那時，「刑設而不犯，罰著而不施」❶；「害無所避，利無所爭」❷；「善惡莫之分，是非無所爭」❸；「明者不以智勝，暗者不以愚敗，弱者不以迫畏，強者不以力盡。蓋無君而庶物定，無臣而萬事理」❹。他用「天道」附會

❶阮籍〈通易論〉。
❷阮籍〈大人先生傳〉。
❸阮籍〈達莊論〉。
❹同❷。

「人道」，忽視自然與社會的差異性，認爲沒有人爲的社會歷史才是最純粹、理想的，基於此，他泯滅了社會結構與自然界物質秩序之間質規定性的區別，把歷史視之爲對自然界的一種異化、一種反動、一種違背，將其視爲不斷悖離自然規律的墮落過程。

阮籍看來，「至德之世」（與「自然」完全混一的狀態）過去後，「三王」、「五霸」、「強國」之世一來，人爲設定的政治規定性，諸如「道」、「德」、「仁」、「義」、「智」這等儒家所言的禮法也就接踵而至了。於是乎，自然之理於人類社會的作用與影響就一天天的淡薄下去。他說❺：

> 三皇依道，五帝伏德，三王施仁，五霸行義，強國任智，蓋優劣之異，薄厚之降也。

這時候，由於有了君王，暴政虐殺隨之而來；由於有了臣屬，阿諛奉承隨之而來。自然法則不但不予遵循，反而破壞它以滿足人們的欲望。「竭天地萬物之至，以奉聲色無窮之欲」；「豺虎貪虐，群物無辜，以害爲利，殞性亡軀」；「坐制禮法，束縛下民，欺愚誑拙，藏智自神」；「故重賞以喜之，嚴刑以威之」；「財匱而賞不供，刑盡而罰不行，乃始有亡國、戮君、潰散之禍」；「且近者，夏喪於商，周播之劉，耿（夏都）、薄（商都）爲墟，豐鎬（周都）成丘」；「厥居未定，他人已有。汝之茅土，將誰與久」❻。

歷史因爲人類悖棄自然法則而不斷退化，惡之更惡，今有甚

---

❺阮籍〈通老論〉。

❻以上引文皆出於阮籍〈大人先生傳〉。

於昔，昔亦無遜於今。從阮籍的歷史觀可以看出他所屬意的理想政治狀態應當是與自然界萬物之和諧相一致的，典籍中的歷史政治對他來說多不屑一顧。老莊遵循自然法則的思想對其影響也深入他的歷史觀中，所以說，他政治思想的基礎出於對歷史的判別，出於對「自然」法則的憧憬，這實際又可說是出於對魏晉險惡的社會現實的厭倦與恐懼。

第二節　無君論

阮籍在正始年以前（即三十歲之前）曾有濟世之志，也認爲儒家的政治思想是可以治世的，希望從政者都能夠「佐聖扶命、翼教明法」。正始年中後期，阮籍開始重莊子學，加之現實政治昏暗，禍事潛伏，阮籍在理論上轉向爲老子莊子的道家思想，對政治的看法也開始全面的否定。

一、漢末魏晉「君臣關係」的危機與阮籍首倡的「無君論」思想

東漢之後，豪強世族興起，土地兼併劇烈，社會結構帶有相當多「封建」的特徵，地方官吏和其所辟用的僚屬之間形成了類似於君臣的名分關係（或稱爲「門生故吏」）。而察舉制度的實行，使儲備的官吏（士人）在未被朝廷任命之前，委身於地方官吏或舉主，若以後晉身朝中爲官，仍要依當時的政治道德，同時也要忠於「故主」❼。獻帝時，軍閥割據，豪強廣蓄家臣，他們已經沒有與皇帝的君臣關係了。到曹魏時，「仕於家者，二世則

---

❼杜佑《通典》卷六十八，孔融「被召未謁稱故吏議」，卷九十九，「與舊君不通服議」及「秀孝爲舉將服議」。

主之，三世則君之」❽幾成普遍的觀念。至此，秦漢大一統政權所提倡的普遍意義的君臣關係（周代稱之爲「率土之濱，莫非王臣」）已被擁兵割據的私家「君臣之義」所取代。於是在思想界自然要萌生懷疑皇權的觀點，一方面爲挑戰皇權、支持封建割據；另一方面是對一切權威表示懷疑。

桓帝時，民間就有人開始不承認和皇帝有「君臣之義」，《後漢書》託名爲漢陰老父（意爲漢水河北側的老人），以其口明此理❾：

> 漢陰老父者，不知何許人也。桓帝延熹中幸竟陵，過雲夢，臨沔水，百姓莫不觀者。有老父獨耕不輟。尚書郎南陽張溫異之，使問曰：人皆來觀，老父獨不輟，何也？老父笑而不對。溫下道百步自與言。老父曰：我野人耳，不達斯語。請問天下亂而立天子邪？役天下以奉天子邪？昔聖王宰世，茅茨采椽，而萬人以寧。今之君子，勞人自縱，逸游無忌。吾爲子羞之，子何忍欲人觀之乎？溫大慚，問其姓名，不告而去。

阮籍的好友嵇康也曾提出類似於漢陰老父的懷疑君臣關係的論調，並爲新的君臣關係定位，他在〈答難養生論〉❿中說：

> 且聖人寶位，以富貴爲崇高者，蓋謂人君貴爲天子，富有

❽《三國志》卷八，〈公孫度傳〉注引《魏書》。
❾《後漢書》卷八十三，〈逸民傳·漢陰老父傳〉。
❿戴明揚《嵇康集校注》，人民文學出版社，1962年版，卷四，第170－171頁。

> 四海。……聖人不得已而臨天下，以萬物爲心，在宥群生，由身以道，與天下同於自得。穆然以無事爲業，坦爾以天下爲公。……故君臣相忘於上，蒸民家足於下。豈勸百姓之尊己，割天下以自私，以富貴爲崇高，心欲之而不已哉？

阮籍將上述的懷疑觀點索性對君臣關係來個徹底的否定，在理論層面上首倡「無君論」。他在最能反映其思想本質的〈大人先生傳〉⓫中說:

> 昔者天地開闢，萬物並生。大者恬其性，細者靜其形。陰藏其性，陽發其精。害無所避，利無所爭。放之不失，收之不盈。亡不爲夭，存不爲壽。福無所得，禍無所咎。各從其命，以度相守，明者不以智勝，暗者不以愚敗，弱者不以迫威，強者不以力盡。蓋無君而庶物定，無臣而萬事理。

上文曾論及，阮籍在〈通易論〉等著作中，認爲社會的等級尊卑出於自然，自然界的乾坤陰陽是建立君臣父子名分的根據。而現在怎麼又否定君臣關係呢？這與他在正始中期之後，自然觀傾向於老莊有很大的關係。

二、「無君論」思想是與「萬物一體」的老莊自然觀相一致的

⓫《阮籍集》或嚴可均輯《全三國文》卷四十六。

阮籍在正始年中期莊子學盛行時，思想發生了轉變，他認爲儒家倡導的「名分之施」，設「分處之教」，是好異者爲之，違背了自然法則。他說：「夫別言者，懷（壞）道之談也；折辯者，毀德之端也；氣分者，一身之疾也；二心者，萬物之患也。」⑫這與他在〈通易論〉中對自然法則的理解完全不同了。那裏，他強調「別」、「分」，認爲「立仁義以定性，取蓍龜以制情，仁義有偶而禍福分。是故聖人以建天下之位，定尊卑之制，序陰陽之適，別剛柔之節」⑬。而在轉向老莊自然觀之後的〈達莊論〉中，他強調「合」與「同」，緬懷沒有富貴貧賤等級之分、沒有君臣、禮法之別的「至德之世」，由此產生「無君論」，其邏輯軌跡是十分明顯的。

「無君論」的理論意義在於：其一，對儒家傳統的「君權神授」進行否定式的批駁，同時也完成了對他正始前的「名教」思想（包括王弼、何晏的「名教出於自然」）加以否定。他認爲「君臣關係」以及衍生出來的一系列禮法，旣非出乎「天意」，也非來自於「自然」法則，而是人爲的、僞善的、功利性的，「尊賢以相高，競能以相尙，（爭）勢以相君，寵貴以相加」⑭，是束縛下民，愚誑百姓的。正如今人丁冠之教授所言：「阮籍雖然認識不到君主制以及維護這種制度的禮法產生的眞正原因，但是他揭去了蒙在君權、名教上面的『天意』和『自然』這兩層虛僞的面紗，走在了同時代的思想家的前面。」⑮其二，超

⑫阮籍〈達莊論〉。
⑬阮籍〈通易論〉。
⑭阮籍〈大人先生傳〉。
⑮《中國古代著名哲學家評傳》續編二，〈阮籍〉，齊魯出版社，1982年版，第121頁。

越了以道德倫理來論政治制度的優劣，在政治制度問題上，徹底否定君主的地位。阮籍在〈通易論〉寫作時，曾把社會亂源歸結爲君王的道德操行，認爲只要君王無欲無爲，天下就可長治久安了。到了〈大人先生傳〉，他把道德因素拋開，將社會不治之源直指政治制度上的君臣形式，激烈地否定君王存在的根據，把政治制度亦視爲悖離自然法則、遂人欲念的憑藉。

然而，阮籍的「無君論」只是理論上的否定，對理想的政治制度應當如何，毫無建樹。他憧憬的「大人先生」、「至人」似乎也只是游離於政治制度和人間社會之外的、對現實無可奈何者。

三、「無君論」對鮑敬言（生卒不詳）思想的影響

阮籍提倡「無君論」比漢陰老父從道德層面排斥當時的君王更進了一步，從老莊自然論的角度說明社會應如自然界一樣，無需特殊的人來統治其他人，萬物是一體的。漢陰老父還相信有勤儉愛民的「昔聖王宰世」，阮籍這時對古代聖王也失去了信心，認定古代政治與現世政治大體相似，不過是後人爲前人粉飾罷了。大約阮籍死後半個世紀，鮑敬言（約活動於四世紀初）從道家養生的目的來論「無君」，比阮籍更爲激烈，他提出「古者無君，勝於今世」⑯的學說，乾脆把先世所謂聖王的治世也拋開。鮑敬言認爲君主制度以至人類對社會對現實的改造，都是違反人的自然本性或事物的自然本性。他指向儒家君主思想的兩個主要根據。其一，自然界的根據——天地萬物自有尊卑秩序；其二，

---

⑯葛洪《抱朴子・外篇》卷四十八，〈詰鮑〉。

人性論的根據——人生而爲善，有先天之聖人。鮑敬言在批駁此論中是循阮籍的理論思路的，即用老莊道家的自然觀推及社會人事。他說：「夫天地之位，二氣範物，樂陽則雲飛，好陰則川處，承柔剛以率性，隨四八而化生，各附所安，本無尊卑也。」而社會之所以產生君臣關係，則由於人性之本惡，欲望所驅使之，「夫強者凌弱，則弱者服之矣；智者詐愚，則愚者事之矣。服之，故君臣之道起焉；事之，故力寡之民制焉。然則隸屬役御，由乎爭強弱而校愚智，彼蒼天果無事也」⓱。

鮑敬言發展了阮籍的「無君論」思想，也反映出漢末到西晉一百多年，君臣關係的崩解，僭越、殺戮、反君權已成爲政治爭鬥的時尚。從郭象注《莊子》批駁「無君論」，似可看出，這一思想在當時是多麼的流行。郭象在注「臣之事君義也」⓲時說：

> 千人聚不以一人爲主，不亂則散。故多賢不可以多君，無賢不可以無君。
>
> 信哉斯言。斯言雖信，而猶不可亡聖者，猶天下之知未能都亡，故須聖道以鎮之也。群知不亡而獨亡聖知，則天下之害又多於有聖矣。然則有聖之害雖多，猶愈於亡聖之無治也。

郭象(252－312年)斥「無君論」與葛洪駁鮑敬言（幸好因駁其「無君論」，使今日得見鮑氏思想之片斷）有相似之處。兩者亦推崇道家，他們不同於阮籍、鮑敬言的地方是：君道無爲，與

⓱同⓰。

⓲郭象《莊子注・人間世注》。

自然界之無爲的法則相應。這種君道的實質已非政治秩序之義。

第三節　「自然」與「名教」的關係

阮籍的政治思想集中表現在他對「自然」與「名教」關係的認識上。「名教」與「自然」的關係是魏晉玄學思想的中心主題，從此意義上講，玄學是闡發一種自然與社會協調之中的內聖外王之道的政治哲學。阮籍的前期思想傾向於「自然」與「名教」的結合。魏晉禪代之際，險惡的政治鬥爭使玄學理想與社會現實的矛盾尖銳而至不可調和。阮籍開始信奉老莊之道家思想，令玄學玄遠、虛化而脫離現實，其政治思想亦趨向否定現實，賦予偏激的情緒化色彩。通過否定歷史、否定君臣關係，最終把玄學思想的主旨推向「自然」與「名教」對立。下面分述其思想變遷的歷程。

一、前期儒道並重，主張「名教」與「自然」結合

「名教」與「自然」的結合是魏晉之際思想界從漢代經學及讖緯迷信中解放出來，開啓「新道家」（玄學）之後的共同理想，「凡是站在高層次思考的人，都不能超越這個理想」[19]。所謂「名教」，在魏晉時既非指儒家思想，也非統治者的治國方略，而是指封建宗法等級政治制度。但是，儒家思想及統治者的尊儒政策會對鞏固這種制度起很大的作用。由於是一種制度、秩序，那麼自然形成了不以人意志爲轉移的社會關係。若否定「名

---

[19]余敦康〈阮籍、嵇康玄學思想的演變〉，見《文史哲》1987年3月號。

教」，就是否定社會關係，否定政治秩序，從而也就否定了自己存在的價值。東漢的「名教」完全與讖緯、經學相結合，弊端叢生，到東漢末年，荀悅(148－209年)主張以「眞實」來糾正「名教」的虛僞。曹魏時，杜恕進一步提出以「誠」來調整「名教」。後來，玄學思想大興，提煉出「自然」（意如自然界一樣的順乎自然的秩序）這個概念。

所謂「自然」並非指道家之自然觀，也非指自然界本身，而是指支配自然界的那種和諧的規律、法則。它是必然的，人類必須順應的。東漢末，社會秩序大亂，災難頻仍，思想家們期望在重建社會政治秩序時，遵從「名教」與「自然」結合的原則爲人們尋求一條擺脫苦難的路徑。玄學家從哲學意義上去思考，將這兩個概念視爲現象與本體的關係。

阮籍同時的何晏、王弼曾將「名教」與「自然」結合之旨，在理論上作了論證，提出「名教」出於「自然」的觀點。王弼說：「萬物以自然爲性，故可因而不可爲也，可通而不可執也。」⑳爲「名教」的存在找到「自然」的根據。而阮籍在正始初期也致力於儒道結合，同意何晏、王弼的主張，儘管他對現實不滿，但對理想的秩序（儒家的政治理想）充滿了樂觀信念，這在其早期著作〈樂論〉和〈通老論〉中表現得十分明顯。他認爲，天地自然處於一種和諧的狀態，以君臣、父子、夫婦爲內容的宗法等級政治制度效法了「自然」，本身亦是和諧的。即使這種和諧遭到破壞，只要「佐聖扶命」的「君子」以及「有位無稱」的人能夠挽救局勢，是可以恢復那種天然和諧的。

---

⑳王弼《老子》第二十九章注。

阮籍在〈通老論〉㉑中闡述了「名教」與「自然」關係的總綱：

> 聖人明於天人之理，達於自然之分，通於治化之體，審於大愼之訓。故君臣垂拱，完太素之樸；百姓熙怡，保性命之和。

阮籍遵循此總綱，進一步說明了「天道」和社會政治的關係。他認爲「《易》順天地」㉒，社會的等級尊卑本之於「天道」。《易·繫辭》中言：「天尊地卑，乾坤定矣。高卑以陳，貴賤位矣」，「治器者尙其象」，「蓋取諸乾坤」。所謂政治制度、秩序取法於「天」，這個思想與魏晉玄學家所講的「名教」出於「自然」是相通的。所以，阮籍同所有當時的玄學諸人一樣都十分重視《周易》，阮籍從研究《易·繫辭》得出「臣承其君」來自於「天地之道」：

> 易順天地，序萬物，方圓有正體，四時有常位，事物有所麗，鳥獸有所萃，故萬物莫不一也。……是故聖人以建天下之位，定尊卑之制，序陰陽之適，別剛柔之節。順之者存，逆之者亡，得之者身安，失之者身危。

但是，阮籍仍然很重視道家在政治制度方面的觀點，採取了儒道並重的態度。他主張「名教」出於「自然」，也要因循自

㉑阮籍〈通老論〉。
㉒阮籍〈通易論〉。

然，仿效自然，無爲而治。他說：「道法自法而爲化，侯王能守之，萬物將自化」㉓，「萬物仰生，合德天地，不爲而成」㉔。他羡慕黃帝、堯、舜「南面聽斷，向明而治」，「刑設而不犯，罰著而不施」㉕的政治秩序。這種儒道並重的傾向，使他所得出的結論既有道家的「無爲」色彩，又有儒家的「有爲」意味㉖：

> 是以明夫天之道者不欲，審乎人之道者不憂，在上而不凌乎下，處卑而不犯乎貴。故道不可逆，德不可拂也。

二、「正始年」後，站在「自然」的立場對「名教」激烈地批判

正始年間的玄學諸人的政治觀都以「名教」與「自然」的結合作爲自己的精神支柱，作爲積極入世去追求的目標。然而，司馬氏集團擊敗曹爽集團之後以卑鄙、血腥的手段一步步「禪代」曹魏，使「名教」與「自然」之結合的理論無法解釋現實的醜惡。阮籍、嵇康等玄學諸人雖暫時躲過司馬氏的屠刀，但承受了巨大的內心痛苦，他們不得不去做新的理論探索，特別是如何看待社會的政治，他們的新思想反映著新的歷史內容，雖比何、王玄學的抽象顯得有些膚淺，但所代表的意涵是沈重而且深邃的。嵇康首先喊出了「越名教而任自然」㉗的口號，阮籍開始拋棄儒

㉓阮籍〈通老論〉。
㉔阮籍〈通易論〉。
㉕同㉔。
㉖同㉕。
㉗嵇康〈釋私論〉。

家的濟世思想，站在道家自然主義的立場上對「名教」中的荒謬、虛僞、狡詐，對現實政治的殘酷、齷齪從理論和實際日常生活行動上做最嚴厲的抨擊。

阮籍、嵇康批判現實的「名教」違反「自然」，說明他們並沒徹底地摒除「名教」，他們內心仍有一個合乎「自然」的「名教」做爲樣版存在著，審度著現實。這個「名教」完全不需要儒家的理論來扶持，完全傾向了道家的自然主義。嵇康曾說：「古之王者，承天理物，必崇簡易之教，御無爲之治。……大道之隆，莫盛於玆，太平之業，莫顯於此。」㉘阮籍更爲激烈，乾脆提倡「無君論」，虛構了徹底脫離社會政治的道家個體主義「大人先生」。阮籍對「名教」的批判主要在〈達莊論〉和〈大人先生傳〉中（本書相關章節均有觸及，此處不贅述），他日常行爲對「名教」的否定可說是前無古人、後無來者的（本書第一、二章有詳述）。阮籍對「名教」的批判，用他的話可一言以蔽之㉙：

汝君子之禮法，誠天下殘賊、亂危、死亡之術耳！

他把那些遵從「名教」的、僞善的禮法之士比喻爲褲襠裏的虱子㉚：

且汝獨不見夫虱之處於褌之中乎！逃於深縫，匿乎壞絮，自以爲吉宅也。行不敢離縫際，動不敢出褌襠，自以爲得

㉘嵇康〈聲無哀樂論〉。
㉙阮籍〈大人先生傳〉。
㉚同㉙。

> 繩墨也。饑則嚙人，自以爲無窮食也。然炎丘火流，焦邑滅都，群虱死於褌中而不能出。汝君子之處寰區之內，亦何異夫虱之處褌中乎？悲夫！

「名教」作爲一種社會政治秩序、制度，一種不依人的意志爲轉移的定型化了的政治倫理，是人的社會本質及各類政治行爲關係的外在表現形式，或稱之爲「本質力量的異化」[31]。涉入其中的人們，有的在異化中感到自我的肯定，感到自我的實現；也有人在異化中感到自我的迷失、否定。如果在整個社會政治生活中感到肯定和自我實現的人數多於感到否定和自我迷失的人數，那麼這個社會的政治制度大體上可以穩定和維持均衡。反之，如果多數人感到在一種政治制度下倍受壓抑，無法自身實現價值和自我的肯定，那麼這個社會的政治就要動盪不安，處在危機之中了。正始年間，曹爽、何晏的政治改革，使知識階層基本能感到自我肯定，理想與現實的衝突未對抗的程度，因而玄學諸人有可能把「名教」與「自然」的關係，上昇到哲學的高度去做邏輯思辨。到了「高平陵之變」，司馬氏主政後，政治危機接連不斷，知識階層倍感壓抑和迷失。理想與現實的對立在理論上也就轉變爲「自然」與「名教」的對立了。

阮籍政治思想的主旨就是這種異化的客觀反映，反「名教」的言行多麼的驚世駭俗，但其中所蘊含著極爲深沈的憂患意識和複雜的徬徨無依的心理歷程。這種心理歷程既表現在對「名教」

---

[31] 余敦康〈阮籍、嵇康玄學思想的演變〉，見《文史哲》1987年3月號。

的否定之中，又寓含在對「自然」的追求之中。恰恰因爲「名教」是一種無法超越的現實政治制度，脫離它意味著政治生活的消失或生命的死亡。所以，阮籍的自我意識、自身價值，既不能在名教中得到實現，又無法在「自然」中找到安歇和寄託。阮籍內心的痛苦是無法用言語表達的，「時率意獨駕，不由徑路，車跡所窮，輒慟哭而反」㉜。即使是塑造「大人先生」做精神的支柱，但因無法對社會現實產生影響，仍不能於其中實現自我的肯定。自我意識無法在自我創造的精神境界中得到安歇，這是古往今來一切有精神格調和自我意識，有人類責任感的知識份子的悲劇。遠有屈原「吾令羲和弭節兮，望崦嵫而勿迫。路曼曼其修遠兮，吾將上下而求索」㉝。近有王國維(1877－1927年)自沈昆明湖。阮籍的悲劇亦在於此，他原本完整的邏輯體系崩裂了，甚至無法用抽象思辨來編織，他在「名教」中看到了自我的毀滅而非自我意識的張揚與實現。他在「自然」中找不到眞正的逍遙（自我肯定），被現實逼回到「名教」中，情感上又要抵觸它，他無法擺脫苦痛。

㉜《晉書》卷四十九，〈阮籍傳〉。
㉝屈原〈離騷〉。

第六章　阮籍的倫理思想

第一節　「名教」危機之下的倫理

魏晉「名教」比漢末士人「入世求仕」時的道德品評更爲廣泛、深入地浸透於社會生活的各個層面，成爲一種道德、倫理秩序。其中「君臣」、「父子」兩倫更被視爲整個倫理的基礎。隨著戰亂、逆篡時起，豪強世族勢力擴大，「父子」之倫（家族秩序）在道德價值方面超過了「君臣」之倫（政治秩序可以隨時變更）。「孝」的觀念成爲「名教」中最爲重要的道德準則。袁宏（328-376年）評論❶道：

> 夫君臣父子，名教之本也。然則名教之作，何爲者也？蓋準天地之性，求自然之理，擬議以制其名，因循以弘其教，辨物成器，以通天下之務者也。是以高下莫尚於天地，故貴賤擬斯以辨物；尊卑莫大於父子，故君臣象滋以成器。天地，無窮之道；父子，不易之體。夫以無窮之天地，不易之父子，故尊卑永固而不逾，名教大定而不亂。置之六合，充塞宇宙，自今及古，其名不去者也。

---

❶袁宏《後漢紀》卷二十六，「初平二年條」。

家族倫理放在政治秩序之上，顯然是爲門閥制度以及亂世之僭越行徑辯護的。這表明了魏晉時期原來以「政治秩序」、「君臣關係」爲中心的「名教」發生了危機，這是政治危機的體現；那麼魏晉禮教所面臨知識階層的強力挑戰似可視之爲「名教」的另一次危機，即倫理方面的危機。

漢末天下大亂，君臣關係的倫理崩解自不待言，由於知識階層對亂世中生命輕如草芥有極深的體驗，故視道德倫理爲多餘之物，極盡享受生命欲念之能事。東晉葛洪(283－363年)描述到❷：

> 漢之末世……蓬髮亂鬢，橫挾不帶。或以褻衣以接人，或裸袒而箕踞。朋友之集，類味之遊，莫切切進德，誾誾修業，攻過弼違，講道精業。其相見也，不復叙離闊，問安否。賓則入門而呼奴，主則望客而喚狗。其或不爾，不成親至，而棄之不與爲黨。及好會，則狐蹲牛飲，爭食竟割，掣撥淼折，無復廉恥。以同此者爲泰，以不爾者爲劣。終日無及義之言，徹夜無箴規之益。誣引老莊，貴於率任。大行不顧細禮，至人不拘檢括。嘯傲縱逸，謂之體道。嗚呼惜乎，豈不哀哉！

葛洪又言❸：

> 聞之漢末諸無行，自相品藻次第。群驕慢傲不入道檢者爲

---

❷葛洪《抱朴子・外篇》卷二十五，〈疾謬〉。
❸葛洪《抱朴子・外篇》卷二十七，〈刺驕〉。

都魁雄伯、四通八達，皆背叛禮教而從肆邪僻。訕毀眞正，中傷非黨；口習醜言，身行弊事。凡所云爲，使人不忍論也。

可見，到魏晉時，以「孝」爲準則的家族倫理基礎之上的一套繁文縟節的「名教」受到士人階層的挑戰。「他們既認定六經禮律都是抑性犯情的，則不但君臣之倫要打破，其他一切人倫關係的價值也都不能不重新估定了」❹。嵇康「薄湯武而非周孔」、「越名教而任自然」，就是要拋棄禮律❺：

六經以抑引爲主，人性以從欲爲歡；抑引則違其願，從欲則得自然。然則自然之得，不由抑引之六經；全性之本，不須犯情之禮律。

這些悖禮的行爲與思想，與其說政治秩序崩解、重建過程中士人對政治的極度不信任，毋寧說是亂世中個人主體意識覺醒後，對一切精神桎梏的蔑視與激進地否定。在倫理方面，所有社會人文的裝飾都要將其揭開，審視一下人性自然的本來面目。比如對父子關係，赤裸裸地說這就是父親對母親發情的結果；對母子關係，直截了當地講這就是寄養於她的身體，離體後就沒有關係了。漢末孔融（153－208年）曾對狂士禰衡（173－198年）說：「子之於父，嘗有何親？論其本意，實爲情欲發耳。子之於

❹余英時著《士與中國文化》，上海人民出版社，1988年版，第409頁。
❺《嵇康集·難自然好學論》。

母，亦復奚爲？譬如寄物瓶中，出則離矣。」❻這種駭世驚俗的眞言表面上是受東漢樸素唯物論、道家自然主義學者王充《論衡》一書的啓發❼：

> 夫天地合氣，人偶自生也；猶夫婦合氣，子則自生也。夫婦合氣，非當時欲生子，情欲動而合，合而子生矣。且夫婦不故生子，以知天地不故生人也。

王充之論是爲破儒家讖緯神學目的論，申其「自然一氣」的樸素唯物論，尙無倫理、人性之義。而孔融以此喻破「孝」爲根砥的倫理價值觀，直指道德、人性的本質。王充《論衡》的本旨不在否定「禮教」而在破除迷信、鬼神。但是，他直通道家自然主義的諸多觀念爲漢末魏初的玄學士人所運用，不僅助清談之勢，亦引之否定名教。特別是中原戰亂，世族大家南遷避禍於荆襄一帶，《論衡》竟然成爲荆州學派清談的參考書，後曹操收降荆州，大批世族回還京師，遂在建安時於哲學、文學上大起玄風，在倫理上亦出異行。孔融、禰衡對「孝」的原則提出非難，直接給曹操出了難題，因爲當時否定君臣關係已成時尙，不足爲怪，但否定父子關係則有些過分了，因爲它有指向豪強割據中的家族倫理、家臣對主子的服從原則之嫌。後來，孔、禰二人都遭殺身之禍。

阮籍亦受《論衡》之影響，同樣賦予其反禮教的涵義。如

---

❻《後漢書》卷七十，〈孔融傳〉。
❼王充《論衡·物勢》。

「君子之處域內，何異夫虱之處褌中乎?」[8]這句話顯然脫胎於王充的「故人在天地之間，猶蚤虱之在衣裳之內」[9]。當然，阮籍「虱之處褌」之喻或受《莊子·徐無鬼》中的「豕虱」之啓迪[10]，但文意則出於《論衡》。阮氏家族對《論衡》一書都很重視，如阮咸之子阮瞻「素執無鬼神」[11]，阮籍從子阮脩(生卒不詳)也曾引用王充「衣有鬼乎?」來論證「無鬼」[12]。可見阮氏家族倫理之中有受道家和樸素唯物論薰陶之因素。

漢末士人否定「名教」的另一個原因是，東漢以來的選官察舉制度，以及大家族「累世同居」[13]的家族生活形態，摻雜了太多的虛僞成分，比如士人皆以「孝」名爲進身之階，然而卻是「舉秀才，不知書，察孝廉，父別居」[14]的虛僞禮教盛行，虛禮與倫理之眞情已不能相應。崇尚道家自然主義的玄學諸人認定「情」比「禮」更重要，如此則「孝」的表現形式、倫理道德的表現形式也爲之一變，只要表達內心情感，一切的道德規範、行爲模式都可以拋之腦後。漢末的戴良(生卒不詳)開了居喪不守禮，放縱眞情的先例[15]：

　　及母卒，兄伯鸞居廬啜粥，非禮不行。良獨食肉飲酒，哀

---

[8]阮籍〈大人先生傳〉。
[9]王充《論衡·變動》。
[10]*Holzman Poetry and Polities*, p. 277, note 13.
[11]《晉書》卷四十九，〈阮瞻傳〉。
[12]《世說新語·方正》。
[13]越智重明〈累世同居の出現そめぐいて〉，《史淵》第100號，1968年3月，119－132頁。
[14]葛洪《抱朴子・外篇》卷十五，〈審舉〉。
[15]《後漢書》卷八十三，〈戴良傳〉。

至乃哭，而二人俱有毁容。或問良曰：子之居喪，禮乎？良曰：然。禮所以制情佚也，情苟不佚，何禮之論？夫食旨不甘，故致毁容之實，若味不存口，食之可也。

到阮籍時似已成風氣⑯，「情」之縱可以踰「禮」：

阮步兵喪母，裴令公往弔之。阮方醉，散髮坐床，箕踞不哭。裴至，下席於地，哭弔唁畢，便去。或問裴：凡弔，主人哭，客乃爲禮，阮既不哭，君何爲哭？裴曰：阮方外之人，故不崇禮制；我輩俗中人，故以儀軌自居。時人嘆爲兩得其中。

這些踰「禮」之人必須在學問上表現出尊崇道家，被視爲「方外之士」，否則信奉儒學，行爲乖張，則會爲世人所不齒。

「孝」的禮法爲「眞情」之流露所擊垮，那麼「尊卑」的倫理觀念也就被「至親」之「眞情」取代。此時，人倫關係講究「至親」甚於「尊卑」，出現了兒子直呼父親名字的行徑，兄弟、朋友之間異常親暱，幾至於今日所稱同性相戀的程度。這在今天的東方人社會倫理之中也是不能容忍的。但是，在魏晉可以，簡單說來就是「親」、「情」壓過了「禮」、「法」，魏晉玄學名士的父子、兄弟關係已超出了儒家血脈傳承教之養之禮法關係，成爲在道家理念上志同道合的同志了。如胡毋輔之與兒子謙

⑯《世說新語·任誕》。

之的關係⑰：

> 謙之字子光。才學不及父，而傲縱過之。至酣醉，常呼其父字，輔之亦不以介意，談者以爲狂。輔之正酣飲，謙之闚而厲聲曰：彥國(按：輔之字)年老，不得爲爾！將令我尻背東壁。輔之歡笑，呼入與共飲。

王戎喪子，更流露其至情至性⑱：

> 王戎喪兒萬子，山簡往省之，王悲不自勝。簡問：孩抱中物，何至於此？王曰：聖人忘情，最下不及情；情之所鍾，正在我輩！簡服其言，更爲之慟。

魏晉時代的夫婦關係在玄學士人那裏也發生了同樣的變化，即「情」代替了「禮」。「我不卿卿，誰當卿卿」⑲幾乎成爲那時世族大家婦女的風尙，用今天的話來說就是：我不和我的丈夫親熱，誰來和我的丈夫親熱呢？夫婦關係這類現象被禮法之士稱爲「末世之俗」⑳，但業已形成風氣，葛洪在《抱朴子》一書中描述到：

> 今俗婦女……舍中饋之事，修周施之好，更相從詣之適親

---

⑰《晉書》卷四十九，〈胡毋輔之傳〉。
⑱《世說新語·傷逝》。
⑲《世說新語·惑溺》。
⑳《三國志》卷二十二，〈衛臻傳〉載：「夏侯惇爲陳留太守，舉臻計吏，命婦出宴，臻以爲末世之俗，非禮之正。惇怒，執臻，既而赦之。」

> 戚，承星舉火，不已於行，多將侍從，暐曄盈路，婢使吏卒，錯雜如市；尋道褻謔，可憎可惡。或宿施他門，或冒夜而反，遊戲佛寺，觀視漁畋；登高臨水，出境慶弔；開車褰幃，周章城邑；杯觴路酌，絃歌行奏。轉相高尚，習非成俗㉑。

這些現象大致可說是當時上層社會婦女的生活時尚，從婦女如此不受限制似可看出魏晉時期夫婦之間的關係亦如父子關係一樣「親至」、「親密」㉒。西晉時束晳撰〈近遊賦〉㉓概括爲「婦皆卿夫，子呼父字」。士大夫階層已不重名教，人們用親情取代了禮法，「尊卑」的各類社會關係似乎都隨著君臣關係實質意義的改變而重歸人類情感的範圍內，這也是亂世之必然呀！

第二節　人生哲學與倫理精神

魏晉玄學是有別於漢代經學讖緯之說的「天人新義」，不僅以新的本體哲學超越了漢儒，而且以新的倫理精神塑造了人格，形成新的人生哲學。阮籍就是在這一玄學思潮流變的大脈絡下，自覺地實踐了倫理精神的人格化，重新尋求安身立命之本。

正始時期，玄學開始著重理想人格的問題㉔，提出了「聖人

㉑葛洪《抱朴子・外篇》卷二十五，〈疾謬〉。

㉒同㉑。

㉓嚴可均輯《全晉文》卷八十七。

㉔辛旗《中國歷代思想史・魏晉南北朝隋唐卷》，文津出版社，1993年版，第55頁。

說」。如何劭在〈王弼傳〉中道:「何晏以爲聖人無喜、怒、哀、樂，其論甚精，鍾會等述之。弼與不同。」㉕玄學名士都視「聖人」爲理想人格之代表，體現絕對的倫理精神，不過他們在「聖人」是否有情的問題上意見不一，觀點各異。何晏等人認爲，「聖人」「與無同體」，所以一切欲念情感，也都具有「無」這一本體的屬性，虛而化之。王弼認爲，「聖人茂於人者，神明也。同於人者，五情也。神明茂，故能體沖和以通無；五情同，故不能無哀樂以應物。然則聖人之情，應物而無累於物者也。今以其無累，便謂不復應物，失之多矣」㉖。王弼突出了「聖人」的異乎常人的智慧，這種智慧可以體驗「無」的本性，「聖人」又有情感，但可以用體驗「無」的理性來駕馭情感。

何晏、王弼的「聖人說」之理想人格仍未擺脫以「道」(「無」)爲基礎。到了正始中後期，玄學名士中如阮籍開始把注意力轉向莊子學說，著重生命之體驗，生命意識高張，個人意識覺醒，於是理想人格的主調開始拋棄哲學意義上的「道」，靠向自然倫理之人格，提出了「大人」精神與其理想。阮籍所倡導的「大人」精神，與當時的反社會政治之隱匿山林者孫登有直接的關係。《魏氏春秋》㉗記載:

> 籍少時嘗遊蘇門山，蘇門者有隱者，莫知姓名，有竹實數斛，臼杵而已。籍從之與談太古無爲之道，及論五常三王

㉕《晉書·鍾會傳》。

㉖《晉書·鍾會傳》引何劭〈王弼傳〉。

㉗《三國志·魏書》卷二十一注引《魏氏春秋》。

之義。……籍乃假蘇門先生之論以寄所懷。

阮籍尋訪隱士之時，是在「高平陵之變」後。適時，名士多被司馬氏殺戮，餘者或趨炎附勢，或遁隱山林。避隱成爲時尚，這是唯一能保存個人意識依舊獨立的方法，不過要遭受生活之困苦與遠離時世之孤寂。阮籍無法歸隱，但竭力地以放浪猖狂之怪舉於官場上自造山林，權且充做歸隱，痛苦異常，其「寄所懷」就是要塑造一種虛幻的人格理想，以體現他的個人嚮往的絕對倫理精神，這個虛幻的影像即是「大人先生」。

歸隱山林之「大人先生」與王弼理想中的「聖人」有不同的意義。其一，「大人先生」不具有絕對圓通的智慧，而是「不知」、「不見」，無意於是非，是不願多管時世的閑者、處士，只願與自然之理冥合。「至人者，不知乃貴，不見乃神，神之道存乎內，而萬物運於外矣，故天下終不知其用」㉘。他順應自然規律，對社會上一切人爲的事物，不願理會，也不願究其原委，只求內心的平靜。阮籍在生活中爲求達成這種理想和人格境界，借酒痲醉，製造山林歸隱之氛圍，「口不臧否人物」，竭力自我解脫。其二，「大人先生」既然與道同體，順應自然之法則，那麼，他不僅超越是非、善惡的界限，而且超越生與死的界限。阮籍借樵夫之口表達了這種意境㉙：

枝葉托根柢，死生同盛衰；得志從命升，失勢與時隤。寒

㉘阮籍〈大人先生傳〉。
㉙阮籍〈詠懷詩〉。

暑代征邁，變化更相推；禍福無常主，何憂身無歸。

道家講人之生命如同植物之盛衰枯榮、季節之寒暑代往，乃自然之法則，無所謂哀樂。「大人先生」既然與道同體，當然也瞭解生死之理，故能超越於生死之外，超越人世間對生死的哀樂情感，遵從自然盛衰生長之理。

其三，遊乎生死之間樂而忘返，若不與道同體，不視之為絕對的自然倫理精神，那也不過是遊俠劍客義士高者的精神境界，仍留在社會人倫的秩序裏。在阮籍看來，「大人先生」與自然同體，與道合一是營造一種絕對的個人倫理精神境界，他所遵循的倫理法則就是自然的秩序、自然的法則、自然的倫理。所以他在〈大人先生傳〉中這樣寫道：

至人無宅，天地為客；至人無主，天地為宗；至人無事，天地為故。

超世而絕群，遺俗而獨往，登乎太始之前，覽乎沕漠之初，慮周流於無外，志浩蕩而自舒，口飄颻於四運，翻翺翔乎八隅。

從王弼之「聖人」與阮籍之「大人先生」的差異似可以看出：「聖人」是積極入世的態度參與現實生活，其內在心靈深處潛藏著強烈的社會使命感和政治倫理傾向；而「大人先生」則以逍遙避世的態度擺脫現世，全身保命，其境界是個人的修養與絕對的自然倫理傾向。這兩種不同的人格理想、人生哲學，都是魏晉之際社會政治生活、倫理規範劇變的必然結果。從「聖人」理想的政治倫理精神到「大人先生」理想的自然倫理精神之演變過程，體現了玄學諸人人生哲學、人格心理認同上的突變。若從年齡上講，阮籍不僅年長於王弼，而且比王弼壽命長，經歷了正始之後血腥鎮壓時期，對《莊子》一書主旨的理解比正始中更爲深刻。如果說王弼心中的「聖人」人格是孔子與老子的合一，儒家與道家的合一，體現「有爲」與「無爲」，「自然」與「名教」統一的政治倫理精神。那麼，阮籍所虛擬的「大人先生」猶如《莊子》書中的「眞人」一般，是一種超越、超脫之境界的象徵，是自然倫理的體現。正如今人丁懷軫、丁懷超兩位先生所評價的：「這種由入世到超越、從外傾到內收的人格理想的轉變，不僅僅折射出社會從常態走向病態的變遷，而且體現出歷史發展的悲劇色彩。歷史地看，人如若僅僅有入世的態度而缺乏超越的精神，固然無法成就理想的人生，但如若大家都去充任遠舉高蹈、超然傲世的『大人』，不僅無以推進歷史的進步，怕是連人類的生存本身也難以維持。因而，眞正理想的人生，應該是務實與超越、外傾與內收的統一，然而，王弼和阮籍都沒能眞正把握這種理想人格。」㉚

當然，阮籍的人生哲學與對絕對倫理的追求也受了他早年的生活際遇以及他性格的影響。在本書第一章，述及阮籍生平時，曾多次講到他對母親的孝順，對女性的崇敬，已變爲一種心理的情結，這情結外化爲他對自然界、對人生那種細膩的體悟與感傷，那種對人間眞情的眞摯、誠懇的追求與嚮往。

第三節　在自我意識中尋找倫理的根據

㉚丁懷軫、丁懷超〈阮籍與魏晉玄學的演變〉，《浙江學刊》雙月刊，1989年第6期(總第59期)。

阮籍雖在玄學理論上欣賞莊子學說中萬物齊一、和光同塵的觀點，然而他的自我意識極強，人格之覺醒非同時代諸學人可比。他表面上痴行狂態頗多、忽忘形骸，但是他絕非不辨是非，與世俗同流合污之人。他用「狂」、「放」、「醉」、「痴」等隱蔽方式在亂世中掩蓋其自我意識和脫俗的人格，也用這些變態的方式將好惡隨意地形諸於色。他「能爲青白眼，見禮俗之士，以白眼對之」，對曠達之士「乃見青眼」，「由是禮法之士疾之若仇」㉛。他的自我意識以及營造這種意識的痴態狂行就是他倫理的最佳依據和最好的表達方式。

一、揶揄禮法之士，盡諷天下倫常

如本章第一節所述，阮籍把禮法之士喻爲寄生於人褲襠之中的虱，遭遇火焰即亡。那麼這些禮法之士所尊崇的正是毫無人格覺醒、自我意識的泛政治化的儒家倫常，阮籍諷道㉜：

> 服有常色，貌有常則，言有常度，行有常式。立則磬折，拱若抱鼓，動靜有節，趨步商羽，進退周旋，咸有規矩。心若懷冰，戰戰慄慄；束身修行，日愼一日。擇地而行，唯恐遺失。誦周、孔之遺訓，嘆唐、虞之道德。唯法是修，唯禮是克。手執珪璧，足履繩墨。行欲爲目前檢，言欲爲無窮則。少稱鄉閭，長聞邦國。上欲圖三公，下不失九州牧。故挾金玉，垂文組，享尊位，取茅土，揚聲名於

㉛《晉書》卷四十九，〈阮籍傳〉。
㉜阮籍〈大人先生傳〉。

後世，齊功德於往古。奉事君上，牧養百姓，退營私家，育長妻子。卜口吉宅，慮乃億祉；遠禍近福，永堅固已。此誠士君子之高致，古今不易之美行也。

阮籍筆鋒犀利地轉而痛斥曰：「爭勢以相君，寵貴以相加……上下相殘……竭天地萬物之至，以奉聲色無窮之欲。」「坐制禮法，束縛下民，欺愚誑拙，藏智自神。」「假廉而成貪，內險而外仁。罪至不悔過，幸遇則自矜。」「汝君子之禮法，誠天下殘賊、亂危、死亡之術耳！而乃自以爲美行不易之道，不亦過乎！」㉝

二、提倡「聖人無爲」的絕對倫理，就是一種昂揚無忌的自我意識

這種自我意識的倫理情境是與自然界同體的，表現有三：

其一，恬於生而靜於死。「至人者，恬於生而靜於死。生恬，則情不惑；死靜，則神不離。故能與陰陽化而不易，從天地變而不移。生究其壽，死循其宜，心氣平治，消息不虧」㉞。其二，至人無爲、無欲不爭、認是非而糾纏其中。「求得者喪，爭明者失，無欲者自足，空虛者受實。夫山靜而谷深者，自然之道也；得之道而正者，君子之實也。是以作智造巧害於物，明著是非者危其身，修飾以顯潔者惑於生，畏死而榮生者失其貞」㉟。所以要「至人無事，天地爲故」㊱，方能達到徹底把握自我意識

㉝同㉜。
㉞阮籍〈達莊論〉。
㉟同㉞。
㊱阮籍〈大人先生傳〉。

的境界，「聊以娛無爲之心，而逍遙於世」㊲。其三，至人曠達不羈，該是自我意識與人格絕對地張揚與膨脹。阮籍爲倫理人格所描述塑造的自我意識之化身——「至人」的特性是「必超世而絕群，遺俗而獨往」，他把天地看得很小，「先生以爲中區之在天下，曾不若蠅蚊之著帷」。至人把天下做爲自己的住房，所謂「廓無外以爲宅，周宇宙以爲廬」。至人是從生活的外在形式與精神的內在氣質都能體現「自然」（道），「夫大人者，乃與造物同體，天地並生，逍遙浮世，與道俱成，變化散聚，不常其形」。至人非比尋常，不能同一般人相處，「人不可與爲儔，不若與本石爲鄰」。至人不牽就於俗世，卓然獨立，「不希情乎世，繫累於一時」，「不以世之非怪而易其務」。至人的倫理道德的標準也不同於世俗之人，他不拘小節，亦不享淸名，以自身之是非睥睨時世，「細行不足以爲毀，聖賢不足以爲譽」。至人的行爲更不能用世俗的眼光來評價，「如小物細人欲論其長短，議其是非，豈不哀也哉！」㊳。

阮籍的這種強烈的排斥俗世常規的自我意識，在倫理方面所展現的那種超乎現實、無是無非、無情無感的道德理想（他擬人化地描述爲一個具體的人物——「大人先生」）絕非是因他的玄遠哲思及孤僻的行爲舉止所致，他所處的時代要負相當的責任。正是那個充滿血腥殺戮的時代，才能激發出那麼強烈的生命意識；正是那個隨意扼殺異端思想的時代，才能醞釀出那麼激揚的個人意識、主體精神。大痛大悲之際，方會有大徹大悟。魏晉知識份子爲求得安身立命在肉體和精神上所經受的雙重苦難，是生

㊲同㉞。

㊳以上零散引文皆出於阮籍的〈大人先生傳〉。

活在今天現代社會中的人們難以理解的。我們只能從他們、包括阮籍的行狀與思想、著作、文章中去感受那曠古的悲觀情調和激揚高標的主體意識，尤其是絕對的道德倫理理想和慘淡悲涼、空靈虛渺的人生觀。

讓我們再感悟一下阮籍〈詠懷詩〉中流露的底蘊深意：

一身不能保，何況戀妻子。（其三）
生命無期度，朝夕有不虞。（其四十一）
朝爲美少年，夕暮成醜老。（其四）
豈知窮達士，一死不再生。（其十八）
人生若塵露，天道竟悠悠。（其三十二）
開軒臨四野，登高望所思，丘墓蔽山岡，萬代同一時。（其十五）

阮籍於理想的道德境界中，追求「大人先生」的逍遙，但他從沒有忘卻現實的險惡與苦痛。他的自我意識業已上昇到一個更高的層面：絕對的倫理不僅是爲了反抗現實虛僞的「名教」，更是爲了抵禦生命欲念中對死亡的恐懼，爲了心靈在時世的流變和亙古的孤寂中尋找安歇。

第七章　阮籍的美學思想

第一節　「樂」的境界在於「萬物一體」

阮籍的美學思想是建立在「自然」這一概念之上的，與其自然本體論是一致的（參見本書第四章），而且貫穿了儒、道相通的思想。他早期的著作〈樂論〉雖然儒家禮教思想所占比重較大，但在論及「樂」與「美」的關係時，基本上與其後來成熟且成體系的思想相吻合。〈樂論〉的成書背景及作者意圖，本書第一章已有論述，此書中心是要說明爲何儒家言「移風易俗，莫善於樂?」這就涉及了「樂」的本質和社會功能的問題，屬於美學的範疇。

「樂」之所以歷來爲古代思想家所重視，大致源於其起初的、明確的社會功用。原始祭祀中，「樂」與巫師的作法是相通的，與部落首領領導祭祀的威嚴是相合的。祭祀以及部落慶典中的舞樂可以通過和諧愉悅的感受來維繫群體的生活，「樂」施予部落成員共同的主觀感受，從而將氏族在日常祭祀、征戰、慶典時團結起來。先秦儒家，尤其是屬於荀子學派的《樂記》一書詳論了「樂」的問題。而阮籍論「樂」結合了魏晉時代的變化，重新理解「樂」的本質，他「樂論」的中心是從「樂」的本體來論述「樂」的功能；說明「正樂」（雅樂）與「淫聲」的區別;「禮」與「樂」的不同作用;「樂」的變與不變等問題，最後闡發主旨——反對以「哀」爲「樂」。

一、「樂」的本體與「樂」的功能不可分離

阮籍用天地自然和諧來說明音樂的和諧，進而指出音樂的社會功用，這是儒家由來已久的看法，與荀子的「大樂與天地同和」❶相似。阮籍說❷:

> 夫樂者，天地之體，萬物之性也。合其體，得其性，則和；離其體，失其性，則乖。昔者聖人之作樂也，將以順天地之體，成萬物之性也。故定天地八方之音，以迎陰陽八風之聲，均黃鐘中和之律，開群生萬物之情氣。
> 乾坤易簡，故雅樂不煩。道德平淡，故無聲無味。不煩則陰陽自通，無味則百物自樂，日遷善成化而不自知，風俗移易而同於是樂。此自然之道，樂之所始也。

阮籍比先秦儒家更爲明確地強調「自然」爲「樂」的本體，並說「自然之道，樂之所始也」，這與他的自然觀「萬物一體」是一致的，是其〈樂論〉及全部美學思想的哲學基礎。他從這一基礎出發，對「樂」反映出「自然」統一性之本性的外在功用，做了充分的論證。他說❸:

---

❶《荀子·樂記》。
❷阮籍〈樂論〉，見《阮籍集》，第40頁。
❸阮籍〈樂論〉，見《阮籍集》，第41－42頁。

> 故八音有本體，五聲有自然，其同物者以大小相君。有自然故不可亂，大小相君故可得而平也。若夫空桑之琴，雲和之瑟，孤竹之管，泗濱之磬，其物皆調和淳均者，聲相宜也；故必有常處。以大小相君，應黃鐘之氣，故必有常數。有常處，故其器（氣）貴重；有常數，故其制不妄。貴重，故可得以事神；不妄，故可得以化人。其物係天地之象，故不可妄造；其聲似遠物之音，故不可妄易。

阮籍所言音樂之「八音」、「五聲」皆出於「自然」之「本體」。因體於自然，故不亂，而且聲音錯落有致，井然有序、和諧。這種音樂的「常處」（各自相宜的位置，相當於現在所說的音調）和「常數」（相互和諧所需的音量，相當於現在所說的頻率、旋律）是有規律可循，而且不能隨意更改的。在享受音樂之美時，體驗這種自然的和諧，就會明白人類社會也該有倫理道德和人際關係的自然和諧，從這一角度就能理解「樂」有「移風易俗」的社會功用。「常數」與音樂的相關問題，先秦的樂論到《呂氏春秋》都有論及，但都不如阮籍所講的這樣具有理論意義：「數」的概念運用已經觸及到美所應具有的「自然合規律性在數量關係上的表現」❹。阮籍從自然觀「萬物一體」立論，推衍出任何一種現象、領域都反映著自然本體的統一性，「樂」的本體與功用概莫能外。

二、「樂」的作用在於「四海同其歡，九州一其節」

---

❹李澤厚、劉綱紀主編《中國美學史》第二卷上，中國社會科學出版社，1983年版，第169頁。

阮籍認爲，「男女不易其所，君臣不犯其位；四海同其歡，九州一其節。奏之圜丘而天神下，奏之方丘而地祇上。天地合其德，則萬物合其生，刑賞不用而民自安矣。」又言：「先王之爲樂也，將以定萬物之情，一天下之意也，故使其聲平，其容和，下不思上之聲，君不欲臣之色，上下不爭其忠義成。」❺阮籍重視的不僅限於「樂」具有的政治倫理道德的社會教化功用，而且更強調「樂」所令人達成的理想的精神境界，即和諧、統一、相互包容的境界，自然一體，萬物一體的境界。這就是阮籍所說「和」的境界。這種論「樂」之作用，已經將其與魏晉玄學的主調——理想人格（聖人）的本體論之建構結合在一起。阮籍設定：只要社會貫徹「萬物一體」之原則，其「樂」也將體現這種社會的和諧，從而達到「四海同其歡」的境界。

「樂」之作用以及境界的達成與社會道德無疑產生了本體論上的有機聯繫，所以說「上下不爭而忠義成」，「樂」之境界的實現是同君臣、男女、上下、尊卑的社會等級及道德倫理不能分離的。但是，並非要將「樂」引向倫理道德，而是用「樂」的作用引導人們以遵循社會道德的方式，將情感引向「自然一體」、「萬物一體」。這一點上，阮籍與先秦儒家荀子的《樂記》有很大的區別。荀子（約前313—前238年）所說的「樂」（歡樂）指的是人的歡悅情感，它不一定符合儒家所說的政治倫理道德，故而要「先王制樂（音樂）」❻加以規範，使之符合倫理。阮籍雖然也主張「樂」之感受要符合倫理原則，但他以「樂」（歡悅）爲「樂」的本質，所指非歡悅的情感表現，而是「自然一體」的

---

❺阮籍〈樂論〉，《阮籍集》，第40－42頁。
❻荀子〈樂記〉。

和諧的精神境界，具有既不違背倫理原則，又超越道德的形而上學之意義。因爲，如若達到「萬物一體」的境界，本身就包含了自然的和諧與社會的和諧，道德倫理亦在其中矣。阮籍對「樂」的作用之論述與儒家傳統的樂論所存在的根本區別是：儒家主張「以道制欲」；阮籍主張「以欲同道」。阮籍在〈樂論〉中談到孔子在齊聞〈韶〉樂的故事時說：

> 故孔子在齊聞〈韶〉，三月不知肉味。言至樂使人無欲，心平氣定，不以肉爲滋味也。以此觀之，知聖人之樂，和而已矣。

這裏所言「無欲」非「滅欲」、「制欲」，而是人我合一、天人合一、摒主觀「私欲」去「與道同體」。

三、「樂」的本質是「樂」而非「哀」

阮籍所處的時代是一個充滿悲哀的時代，哀傷之感已成爲一種普遍的社會心理與時代氛圍，這種哀傷的氣氛從漢末以降愈來愈重，知識階層出於無奈的心理，出現了「以哀爲樂」的論調。而阮籍在青年時代寫作〈樂論〉時，以樂觀向上的人生態度，確信「樂」的最高目的應當是使一社會避免殘殺而永至歡悅、和諧。因此，他認爲「樂」的本質是「樂」（歡樂），而不是「哀」。這一結論是從他的本體論中推理得來的，並與他所處的時代氛圍、歷史環境緊密相關。阮籍在〈樂論〉中指出：

> 誠以悲爲樂，則天下何樂之有？天下無樂，而欲陰陽調

> 和，災害不生，亦已難矣。
>
> 樂者，使人精神平和，衰氣不入，天地交泰，遠物來集，故謂之樂也。今則流涕感動，嘘唏傷氣，寒暑不適，庶物不遂，雖出絲竹，宜謂之哀。……故墨子之非樂也，悲夫以哀爲樂也。比胡亥耽哀不變，故願爲黔首；李斯隨哀不返，故思逐狡兔。嗚呼！君子可不鑒之哉！

阮籍列舉了許多史實說明「以悲爲樂」、「以哀爲樂」是錯誤的。他借古喻今，針對當時社會各階層惶惶不可終日的悲哀心態，希望通過「樂」來改變那個時代的大氛圍，給人們一種歡悅向上的激情，從世事變故的哀傷中解脫出來。然而，這談何容易，後來阮籍體驗到社會的辛酸苦辣，寫下了大量悲哀傷感的〈詠懷詩〉（本書第八、九章對此有專論）。他曾經這般講道：「吾嘗游元父，登其城，使人愁思。作賦以詠之，言不足樂也。」❼現實的哀傷，怎麼不使「樂」也哀傷淒切呢！

然而，阮籍早年還是積極地繼承了古代樂論人生論的儒家傳統，「沒有因爲人世的悲哀而完全掉入否定人生的悲觀主義」❽。從美學理論看，阮籍將「悲」、「哀」和「樂」對立起來，排除於「樂」之外，否定其美感的價值，是有局限性的。「樂」（歡樂）的實現是一個複雜的過程，不能脫離「悲」、「哀」，而正是在對其充分地展現過程中，才能顯示出人類追求「樂」（歡樂）的偉力和崇高的精神境界。也正是因爲這一點，阮籍的

❼阮籍〈元父賦〉，《阮籍集》，第18頁。

❽李澤厚〈試談中國的智慧〉，《中國古代思想史論》，人民出版社，1985年版。

〈詠懷詩〉中所包括的「哀」、「怨」、「悲」、「愁」、「憂」、「憤」，才能有極大的心靈震撼力，以及強大的美感的價值。但是，我們還是能夠理解阮籍在那個特定時代的奮發向上的熱情，那種充滿理想的追求和對社會良好的期待。

阮籍除了論述「樂」的境界主題之外，在〈樂論〉中還闡述了「樂」與「禮」的關係，提出「禮治其外，樂化其內」的觀點；講到「樂」的變與不變，提出了「樂與時化」，「至於樂聲，平和自若」的觀點；論及「雅樂」（正樂）與「淫聲」的不同，提出了「雅樂」的特徵是「周通」、「質靜」、「易簡」、「靜重」的觀點，等等。以上這些問題的論述與傳統的儒家觀點基本相同，而且在一些方面比之更爲保守，在理論上也缺乏創新。這反映了阮籍早年有「濟世志」時，希望以儒家的理想匡扶社會，用道德倫理的原則拯救亂世，同時又秉承了父輩「建安風骨」的氣概。

第二節　美感的心理狀態在於「清虛寥廓」

阮籍對「美」的看法集中在〈樂論〉、〈詠懷詩〉、〈清思賦〉及〈大人先生傳〉幾部作品裏。其中，〈清思賦〉專論了美感的心理狀態，貫穿於阮籍整個藝術思想。〈清思賦〉是一篇抒情又富有哲理性的文學作品，描述了作者夜不能寐，起坐彈琴，隨美妙琴聲飄然登上天仙境，遇嫦娥、織女，與之同乘龍而遊太空，後遇喜悲諸景，終至產生「既不以萬物累心兮，何一女子之足思?」[9]，遂決然與織女長辭，賦的開篇就提出了何爲「美」的

---

[9] 阮籍〈清思賦〉，《阮籍集》，第13－15頁。

問題:

> 余以爲形之可見，非色之美；聲之可聞，非聲之善。……是以微妙無形，寂寞無聽，然後乃可以睹窈窕而淑清。夫清虛寥廓，則神物來集；飄颻恍惚，則洞幽貫冥；冰心玉質，則皦潔思存；恬淡無欲，則泰志適情。

若從美學的角度看，這段話概括了美感產生的心理狀態:「微妙無形，寂寞無聽」，「清虛寥廓」，「飄颻恍惚」，「冰心玉質」，「恬淡無欲」。在這類主觀心理狀態之下，才會有美感的產生，依阮籍來看，「美」是一種精神玄虛、摒除雜念之下的純粹的心理感受。既類似於老莊「滌除玄覽」的主觀認知方式，又帶有明顯的魏晉審美心理和取向。下面分三方面申述之。

一、「美」是超越物質性感知的精神境界

阮籍所追求的是一種超越物質性的（形色音聲）精神性的美。此種「美」不同於儒家政治倫理所規定的「美」，是個人超越世俗、是非、善惡的一種寧靜、潔清、純粹清虛的精神狀態。引發「美」的感知有賴於物質性的存在及運動表現方式，但產生美感就要高於這些美的感知，進入對人生某種精神境界的體驗。如若沈溺於這種境界，即會在心理上感受到「清虛寥廓」，萌生一種綜合的，而非僅分辨美的物質感知的、整體的、主觀的美感。這有賴於較高的審美能力，這種能力又必須以「萬物一體」的哲學思辨做基礎。不以較高審美能力去把握美的感知更深層的內在精神，就不會有眞正意義上的、個人主觀體驗的「美」產生。

阮籍超越物質性的「美」的感知，強調主觀的審美能力和美感，表明了魏晉知識份子在主觀玄思高度發達之下的敏銳的審美能力，也顯示了魏晉玄學之下，在各領域，知識份子都要表現其對理想人格境界的追求。阮籍說：「道眞倍可娛，淸潔存精神。」「淸潔」的涵義就是超越物質性「美」的感知，達到「精神」的「窈窕而淑淸」。可見，「淸」這個字對阮籍的美學思想是多麼的重要。「淸」的哲理寓含與老莊道家是相通的，而玄學的學術淵源之一就是道家，玄學的美學也必然帶有這一特徵，所以說，魏晉玄學名士的風度、儀容、言談和審美趣向都離不開這個「淸」字，「淸」就是超越感知，融入自身主觀精神，進入那種無欲無我境界的精神狀態。從此來看，魏晉名士本身就是一個「淸」的象徵。

阮籍關於美感的論點反映了魏晉時期審美意識擺脫開政治，而眞正地去與哲學相結合。以前，儒家關於美的思想占主導，認定美是同人們所承負的社會政治道德責任分不開的，美的獲得有賴於進入社會建功立業。在魏晉玄學看來，美是個人主觀意識覺醒後，對自身精神的滌除雜質，追求純潔、自由，體驗自然、社會的心理狀態，它突出個體的精神。阮籍在〈淸思賦〉中寫道：「白日麗光，則季後不步其容；鐘鼓闐鈴，則延子不揚其聲。」[10]「美」是一種幽獨的、內省式的，不是熱烈的、外在的、社會性的。和儒家比較，魏晉玄學審美的取向、理想，是從社會性的退

[10]《阮籍集》，第13頁。

回到個體性的，關注於主觀精神的體驗和其價值。並且力求在審美活動之中，超越對外在物質性「美」的感知，保持或追求精神的「清潔」與自由，以這種「清虛」的精神狀態去體驗「美」感，去把握「美」。在這一意義上講，阮籍及其反映的魏晉美學思想徹底擺脫了儒家的束縛，擺脫了政治倫理進入純粹審美領域。

二、審美是超越功利私欲的寧靜直觀

阮籍所言美感的心理狀態，如「清虛寥廓」、「冰心玉質」、「恬淡無欲」，涉及了審美的超越是非、功利及私欲的問題。他提出了審美應是精神上高度純潔寧靜直觀的狀態，依此方能達到「微妙無形，寂寞無聽」的境界。這種觀點顯然受到莊子的影響，莊子認爲，人的生活要達到自然無爲的境界、美的境界，就要超出於人世的一切利害得失之上，處處順應自然，不爲得而喜，不爲失而悲，即便是生死於前，亦不爲所動。這樣，人即可擺脫外物之累和對人精神的束縛與支配，達到像「天地」那樣自然無爲的絕對自由的境界「備於天地之美」⓫。「它雖然是一個人生態度問題，但從美學上看，這種態度恰好是一種審美的態度，它的根本特徵是超功利」⓬。阮籍這種對審美中超功利、摒私欲的心理狀態的強調承襲了莊子學說，他在其莊學著作〈達莊論〉⓭中說道:

⓫《莊子·天下》。
⓬李澤厚、劉綱紀主編《中國美學史》第一卷，中國社會科學出版社，1984年版，第262頁。
⓭阮籍〈達莊論〉，《阮籍集》，第33頁。

至人者，恬於生而靜於死。生恬，則情不惑；死靜，則神不離。故能與陰陽化而不易，從天地變而不移。生究其壽，死循其宜，心氣平治，不消不虧。

審美過程中超功利的追求，滌除私欲的體驗，固然造就了主觀極大的虛寥的寧靜境界。但完全排除了主觀私欲，不會使審美產生獨特美感，完全無視功利，會使審美失去現實生活豐富的內容和悲劇性的震撼力量，以及社會價值。阮籍突出了審美的主體純潔性，忽視了審美的「自然性」、「社會性」，甚至抵觸感官產生的美感，這也正是歷史上中國傳統美學的一大弱點。

三、審美需要「清思」的主觀想像力量

阮籍所謂「清虛寥廓」，旣是擺脫了功利、私欲的束縛，達成主觀純潔的精神狀態，同時也是心靈不受限制，自由騁馳，包羅萬有的狀態。這樣，審美中就有了不受限制的心靈參與美感的創造的問題，也就是主觀想像力參與審美過程的問題。「飄颻恍惚」就是對想像力的描繪。阮籍認爲，當想像進入了這樣的狀態，就可以「洞幽貫微」，照見把握宇宙間冥冥之中細微深邃的一切，爲自己主觀精神所編織，所專美。爲說明審美中的想像具有「神物來集」、「洞幽貫微」的力量，阮籍在〈清思賦〉中借用歷史典故證明想像力是可以「感激以達神」的。他列舉楚國的申喜日夜思念母親，一天晚上忽聽到母親在唱歌，開門觀看，果眞是母親回來了。阮籍評此事「伊衷慮之遒好兮，又焉處而靡逞?」[14]沒有精神想像力量達不到的地方。王充曾批判過人以「精

[14]阮籍〈清思賦〉，《阮籍集》，第14頁。

誠」感動天地的觀點⑮，但那是指主客體關係而言，而在審美和藝術創造活動中，主觀是可以擺脫客觀而主動去創造的。阮籍〈清思賦〉本身所營造的境界恰好說明了「焉處而靡逞」的想像偉力在審美再創造中是多麼的綺麗輝煌。

阮籍所說的「清思」，實際上是一種審美感受。魏晉時的「清思」開始僅同政治人物品性的評價相聯，指「氣說」基礎上人品的清濁高低。後來逐漸發展成爲一個審美的概念，「清」成了「美」的同義語。阮籍的「清思」是鋪陳一種主觀想像的美的幻想、理想和主觀感受。他在〈清思賦〉中的描述，恰好是對審美心理狀態產生過程的形象性展現。開篇所言心有所感「忽一悟而自驚」，「心震動而有思」，「若有來而可接，若有去而不辭」，描述了審美與藝術創造中靈感降臨之狀態。「超遙茫渺，不知究其所在」，「心瀁瀁而終薄兮，思悠悠而未平」，「徘徊夷由兮，猗靡廣衍」，描述了激發靈感後進入了不能自控的想像狀態。想像中產生了種種美感體驗的感官形象，「白玉」、「丹霞」、「九英」、「珮瑤」、「河女」。最後，主觀的「清虛寥廓」突然將這一切攝入一種理念「不以萬物累心」⑯，頓時產生了一種悵然若失，若有所悟的「冰玉」般高潔的美感。全過程歷經了靈感激發、主觀想像、理性滌蕩、超然高潔幾個步驟。對審美體驗做了相當完整的內省描述，是阮籍對魏晉美學思想的重要貢獻。

第三節　人格絕對自由，「美」方能「自然之至眞」

⑮王充《論衡·自然》。

⑯阮籍〈清思賦〉，《阮籍集》，第13－15頁。

阮籍在自然觀上「萬物一體」的認識，運用到人生的態度上，使他比莊子更積極地面對世間的一切，並產生了與宇宙無限性等同的人格理想、他綜括這種人格爲「大人先生」⑰。從美學上看，阮籍對宇宙無限性的追求，對人格理想、精神絕對自由的追求，就是對他心目中最高「美」的追求。阮籍在〈大人先生傳〉中這般地描繪絕對精神自由所期待的「美」：

> 天地解兮六合開，星辰霄兮日月隤，我騰而上將何懷？衣弗襲而服美，佩弗飾而自章，上下徘徊兮誰識吾常？
> 召大幽之玉女兮，接上王之美人。體雲氣之逌暢兮，服太清之淑貞。合歡情而微授兮，先艷溢其若神。華姿燁以俱發兮，採色煥其並振。傾玄髦而垂鬢兮，曜紅顏而自新。時瞬瞧而將逝兮，風飄飆而振衣。雲氣解而霧離兮，靄奔散而永歸。

這些對「美」的比擬，象徵地說明超越世俗所追求的有限的東西才能體悟眞正的「美」。本章上節所論及的〈淸思賦〉就是對這種超越的具體闡揚。而在〈大人先生傳〉中，阮籍則側重「美」與無限、自然、人格自由的關係來表述「美」。他寫道：「超漠鴻而遠跡，左蕩莽而無涯，右幽悠而無方，上遙聽而無聲，下修視而無章。」「登乎太始之前，覽乎沕漠之初。」⑱這些狀態就是與宇宙的無限合一的狀態。阮籍看來，「美」存在於無限的宇宙萬物之中，「美」的感受只有在有限的人生之無限自由的

---

⑰阮籍〈大人先生傳〉，《阮籍集》，第70頁。
⑱阮籍〈大人先生傳〉，《阮籍集》，第70－71頁。

人格境界之中，這才是最高層次的「美」。

至於「美」與「無限」是何種關係？阮籍認爲，超越人生中一切有限的、功利的、是非的、利害的關係，衝破對人個性的束縛，培養體悟無限的胸懷，才能達到精神的無限，精神達到理解無限，才能理解「美」是「自然之至眞」。然而，人類在主客體相結合中產生「美感」，達成精神的愉悅和超越，不僅限於阮籍所說單純精神上的超越，在根本上應是人類社會實踐、意識發展的歷史累積。沒有超越客體及主體的感官認知就不會有美。但是，在對這類超越的體驗之中，主觀精神扮演了重要的角色。阮籍所塑造的「大人先生」飛越寰宇，「直馳騖乎太初之中，休息乎無爲之宮」，就是比喻精神上的超越。這樣論述「美」的產生是片面的，但對於以無限的感性表現出「美」的體驗來說，闡揚了主體精神的能動性、創造性和想像力，這是非常難能可貴的。一切「美」的、藝術的創造，都有一有限到無限寓意的昇華過程。越是永恆美感的藝術品，就越能使人產生對人生、對精神境界的自由和無限性的深刻的體悟。

阮籍認爲精神的無限體驗不能夠脫離自然，他不同意「避物而處」去把握無限性精神境界。他在〈大人先生傳〉中說：

> 微道德以久娛，跨天地而處尊。夫然成吾體也，是以不避物而處，所睹則寧；不以物爲累，所逌則成。彷徉足以舒其意，浮騰足以逞其情。

阮籍從有限達到無限的思想，在根本上是以人與自然、客體與主體的統一爲基礎的。本章第一節論及〈樂論〉曾提到阮籍的

「自然一體」的思想。阮籍的「無限」不排斥有限，無限性的精神也不排斥他人精神對有限的體驗。無限性精神境界的實現不是超自然的。他稱之爲「陵天地而與浮明遨遊無始終，自然之至眞也」⑲。無限性的精神境界就是「自然之至眞」的表現，就是最高層次的「美」。魏晉美學基本上如阮籍這樣，是在人與自然的統一中去尋找「美」產生的精神狀態，去尋找有限之中的無限性。因此，終始排斥「美」與上帝、神祇有任何關係。

阮籍對無限境界產生「美」的論述，可以與莊子做一比較。莊子對無限之美的追求，主要著眼於外在自然的無限性；而阮籍則主要著眼於主體內在精神世界的無限性和絕對無拘束的自由。故而，莊子讚美自然萬物無窮無盡、美不勝收；而阮籍則讚美人的主觀精神可營造無限的境界，遨遊於無限。應當說阮籍由於把無限的精神境界同人的心靈的絕對自由聯繫在一起，無疑加深了對美的認識和對審美過程的把握。他較爲深刻地揭示了在短暫、無常、苦難的人生中，主體對人格自由與無限精神境界的追求，賦予了這種追求以「美」的價值和玄學哲理的意義。阮籍的〈詠懷詩〉較爲充分地體現了在那個悲慘時代裏，人們追求理想人格和「美」的人生境界的感人至深的力量。有了類似於阮籍〈詠懷詩〉這樣的大量感人的作品，魏晉風度和人的主題才具有眞正深刻、充實的內容，魏晉風度才會有如此這般的積極意義和審美力度。阮籍的作品正因爲有美學的力量，才能與屈原、李白的篇章等量齊觀。

第四節　美學思想的邏輯結構

---

⑲阮籍〈大人先生傳〉。

阮籍是魏晉玄學思潮影響下的哲學家、思想家。由於家世背景，在他身上文學家的氣質更多一些，以至於「能屬文，初不留思」[20]，「善屬文論，初不苦也，率爾便成」[21]。這決定了他的文章、論著不像何晏、王弼那樣抽象、系統，這也是由於阮籍大部分著述是在正始十年司馬氏鎮壓曹氏集團、扼殺知識界的背景，不得不以文學的方式曲折表達衷心本趣，故史家評論其晚年的著作〈大人先生傳〉才是他思想的眞旨。不過，阮籍的賦予文學色彩的理論論述並沒有降低其思想的價值，反而使人們更易理解這位身處險境玄學家的思想深度。阮籍的美學思想並非零散、膚淺，而是與他的哲學體系相連，有著自身內在的邏輯結構。

一、賦予「美」以「自然一體」的本體論意義

阮籍從「萬物一體」的本體論入手，將先秦儒家所說的「樂」基於倫理道德之「和」，解釋爲超越倫理原則的自然和諧境界。這樣，「和」與「樂」的實現就不僅限於道德的實現，同時是主體與無限的天地萬物合而爲一所產生的愉悅。阮籍拓展了「美」的境界，正由於基於自然，立足於和諧的無限宇宙，主體的自由人格與精神的無限必然實現「美」的深切感受。個人雖然離不開社會政治所規定的倫理關係，卻不局限於這種關係，包容與超越這種關係，去與自然相契合。這就在美學的意義上實現了人格的自覺，人的精神主體不再是儒家所規定泛政治倫理體系中的附屬品。這種審美主體意識的覺醒，在哲學上以包含倫理又超越倫理的「自然」的本體爲圭臬的；在美學上，是將「和諧」的

---

[20]《晉書》卷四十九，〈阮籍傳〉。

[21]《文選·五君吟》注引臧榮緒《晉書》。

範圍拓展到道德原則以外的自然、人生諸領域。

二、個體有限生命中的精神無限境界有賴於與「自然」合一來達成

阮籍提出了一個對個體的存在以及對美學、藝術都有重大意義的問題：精神如何超越有限而達到無限的境界？先秦儒家對此回答是「三不朽」（立德、立功、立言）和「成仁取義」達成永恆、無限，這基本還停留在道德層面。阮籍則以「大人先生」人格理想的塑造回答了這一問題，精神對有限的超越在於人格的絕對自由，在於精神與「自然」合一。這一問題先秦莊子解決地亦未如阮籍這般的鮮明，這源於他所處時代的險惡，人不需要考慮社會群體的關係，而首先要考慮自己的生存，思忖有限的生命與無限永恆之間的矛盾。當人們無法把握生命遭際和社會現狀之時，追求精神的絕對自由和無限性，才具有「美」的意義。

三、以無限的精神境界追求超感官的「美」

阮籍認爲只有在精神「微妙無形、寂寞無聽」的狀態中才能達成無限的境界，去體驗純潔永恆、超感官的「美」。〈清思賦〉表達的思想在魏晉名士中帶有普遍性，是魏晉美學區別於其他歷史時期的特徵之一。這種超感官，追求無限的精神境界和審美取向，本質上講是對魏晉玄學所追求的主體人格的無限的一種內在的體驗與直觀。正如李澤厚、劉綱紀先生所評價的：「它不同於儒家孟子所說的那種『養吾浩然之氣』，『上下與天地同流』的道德上的崇高，也不同於道家莊子所說的那種使個體完全沒入自然的無限。它是不離倫理而又超越倫理，合於自然而又超越自然

的。不論相對於儒家或道家來說，在魏晉的玄學和美學中，自我作為個體存在的意義和價值都已得到了很大提高。常常接近於仙人境界的所謂『窈窕而淑清』的美，正是這種個體的理想的一種感性的呈現。」㉒

阮籍的美學思想融於他大量的文學作品中，對後世產生了一定的影響。鍾嶸以評論其詩文的方式，無意之中道出了阮籍美學思想的眞諦：「可以陶性靈，發幽思。言在耳目之內，情寄八荒之表。洋洋乎會於風雅，使人忘其鄙近，自致遠大，頗多感慨之詞。厥旨淵放，歸趣難求。」㉓

㉒李澤厚、劉綱紀主編《中國美學史》第二卷上，中國社會科學出版社，1984年版，第198頁。

㉓鍾嶸《詩品》。

第八章　阮籍的文學思想

第一節　魏晉「純」文藝的產生

魏晉是中國歷史上唯一可與春秋戰國相比擬的動盪時期，也是唯一可與「百家爭鳴」相提並論的思想大解放時期。魏晉更是中國古代社會形態發生重大變革的時代，它對社會結構和文化價值體系產生的影響是空前的，整個社會的經濟、政治、軍事、文化、藝術、意識形態都發生了轉折性的變化。東漢以來，地方豪強逐漸取代了劉姓皇室分封諸王的勢力，郡縣賦稅徭役的皇室形式的國有經濟開始讓位於豪強世族形式的莊園經濟。大量耕種國田（地方政府按丁口分給農民的土地）的農民和為皇家服務的手工業者、城市商人在土地兼併和天災頻仍之際變為各地莊園地主、豪強世族的奴隸。隨著皇權被宦官、外戚爭鬥而架空，各地地方官漸被豪強世族把持，開始以姓氏門閥的貴胄血統壟斷政權，「天下士有三俗，選士而論族姓閥閱，一俗」❶，「貢薦則閥閱為前」❷。從此，伴隨社會大動亂，乘勢而起、分割地盤、各自為政、世襲權爵、等級森嚴的門閥世族占據歷史主角的位置，開始了眞正意義上的封建領主時代，直到三百多年以後，南

---

❶仲長統〈昌言〉。

❷王符〈潛夫論〉。

朝門閥絕於齊、梁之朝，北朝門閥沒於周、隋之際。「魏晉以來，以貴役賤，士庶之科，較然有辨」❸。「魏氏立九品，置中正，尊世胄，卑寒士，權歸右姓……皆取著姓士族爲之，以定門胄，品藻人物，晉宋因之」❹。

社會形態的變遷以及文化價值體系的重構，最外在的表現形式就是兩漢經學的徹底崩解（本書第三章第一節專門有論及，此不贅述）。代之而興的是新道家思想——玄學，尤其是衝破讖緯象數經學之後的玄學人生觀（外在的行爲方式即是所謂的「魏晉風度」）眞可說是中國歷史上生命人格主體意識的第一次覺醒（屈原、孔子的人生觀仍囿於政治人格，而未進入純粹的與自然關聯的大生命層次）。其對以往陳規陋習的突破，對新思想的開啓，對哲學思辨的深化，從廣度和深度上甚至超過了先秦諸子百家。這的確是一個大的思想解放，其肇興的軌跡歷歷可見：東漢末年蔡邕（132－192年）將湮滅了近兩百年的王充《論衡》重現知識界，自然主義的道家開始剔除陰陽讖緯經學中的迷信成分，易學開始回歸哲學。同時，仲長統、徐幹（171－218年）大興現實主義的社會批判思潮，世族名士在與宦官抗爭中也掀起探討人格正義的才性名理思潮。其後，分裂動盪中曹操、諸葛亮（181－234年）的法治思想、刑名思想，劉劭《人物志》的邏輯觀念，王弼繼承荊州學派「易說」，大興玄風，西來佛教立足與衆多經典律籍的翻譯……所有這一切都預示了一個嶄新的思想時代的開端。被董仲舒（約前179－前104年）陰陽讖緯化了的儒學開始接受道家自然主義的洗禮，那些當年被「罷黜百家、獨尊儒

❸《宋書·恩幸傳序》。

❹《新唐書·柳沖傳》。

術」驅趕到道家、道教、民間方術之列的諸子百家思想，又重新活躍起來，並在新的時代特徵的引導下重新組合，再發新機。

這是一個產生純粹思想和藝術的時代氛圍，決定了與自然更貼近，與人的生命更契合。今人李澤厚先生如此分析道：「在沒有過多的統制束縛，沒有皇家欽定的標準下，當時文化思想領域比較自由而開放，議論爭辯的風氣相當盛行。正是在這種基礎上，與頌功德、講實用的兩漢經學、文藝相區別，一種眞正思辨的、理性的「純」哲學產生了；一種眞正抒情的、感性的「純」文藝產生了。這二者構成中國思想史上的一個飛躍。哲學上的何晏、王弼，文藝上的三曹、嵇阮，書法上的鍾衛、二王等等，便是體現這個飛躍、在意識形態各部門內開創眞善美新時期的顯赫代表。」❺這種「純粹」思想、藝術的「純」究竟是什麼呢？其實就是一種對人生的態度，就是主體人格在大生命層次的覺醒；就是與大自然契合的一種境界。

詩，往往是一個時代的溫度表。詩人敏感的氣質最能體驗時世的變遷，也最能反映時代的氣氛。我們從漢末魏初許多詩歌作品中該能悟得那個「純」的思想、文藝，就是「人的覺醒」，有人的覺醒才會有「文的覺醒」。產生於東漢末年❻的古詩十九首爲「人生之覺醒」先做了一個苦悶、悲涼的鋪陳。古詩十九首的基調是感傷人生的短促，對死亡的恐懼難以釋懷。讓我們看一看被鍾嶸喻爲「文溫以麗，意悲而遠，驚心動魄，可謂幾乎一字千金」❼的那些名句：

---

❺李澤厚《美的歷程》，文物出版社，1981年版，第87頁。

❻此說爲目前中國文學史學界的通行看法。

❼鍾嶸《詩品》。

生年不滿百，常懷千歲憂。（〈生年不滿百〉）
人生寄一世，奄忽若飄塵。（〈今日良宴會〉）
人生非金石，豈能長壽考。（〈回車駕言邁〉）
人生忽如寄，壽無金石固。（〈驅車上東門〉）
所遇無故物，焉得不速老。（〈回車駕言邁〉）
萬歲更相送，聖賢莫能度。（〈驅車上東門〉）
出郭門直視，但見丘與墳。（〈去者日以疏〉）
人生天地間，忽如遠行客。（〈青青陵上柏〉）

這些貌似日常生活的感嘆，別友、相思、戀鄉、懷土、行役、戍征，卻蘊含了惜情、珍重、勸慰、勉勵、奮發的昂揚生命意識。知生命的可貴，方顯情感的厚重；知生命的短暫，方顯歡樂的恆久；知生命的坎坷，方顯思想的沈鬱。我曾在1983年讀魏晉文學作品時，寫下以下文字：「我十五至二十一歲正處於人生傷悲、感喟、執著、欲戀的時期，人格眞正開始萌甦，此意義上正經歷著如魏晉時期知識份子對『死』的恐懼和對人生不朽形式的充分追求。」

這種人格覺醒後的感傷基調，一直貫穿於魏晉的整個歷史過程中。曹操有「對酒當歌，人生幾何，譬如朝露，去日苦多」❽；曹丕有「人生如寄，多憂何爲？今我不樂，歲月如馳」❾；王粲有「悟彼下泉人，喟然傷心肝」❿；徐幹有「人生一世間，

❽曹操〈短歌行〉。
❾曹丕〈善哉行〉。
❿王粲〈七哀詩〉。

忽若暮春草。時不可再得，何爲自愁惱」⓫；曹植有「人生處一世，去若朝露晞」⓬，「盛時不再來，百年忽我遒。生存華屋處，零落歸山丘。先民誰不死，知命復何憂?」⓭阮籍有「人生若塵露，天道邈悠悠，……孔聖臨長川，惜逝忽若浮」⓮；陸機（261－303年）有「天道倍崇替，人生安得長，慷慨惟平生，俯仰獨悲傷」⓯；劉琨（271－318年）有「功業未及建，夕陽忽西流，時哉不我與，去乎若雲浮」⓰；王羲之（321－379年）有「死生亦大矣，豈不痛哉。固知一死生爲虛誕，齊彭殤爲妄作，後之視今亦猶今之視昔，悲夫!」⓱陶潛（365－427年）有「悲晨曦之易夕，感人生之長勤。同一盡於百年，何歡寡而愁殷」⓲。

這是一種新的生命崇拜，一種變亂之下對不變、對往事、對生命的純情執著。「生命無常、人生易老」，原本是亙古不變的主題，而漢末魏晉詩篇賦文中將其突顯得如此這般地蒼涼而更具永恆的審美魅力，實在該從人格的覺醒所激發的曠古純情中去理解。魏晉之際，天下多故。那麼，生命都輕若草芥，功業、名教禮法又有什麼用呢？人自身存在的方式與對生命的充分體驗才是眞實的，所以那些慨嘆生命的詩篇中又同時有「及時行樂」的內容，這並非墮落腐朽，恰恰是發現生命力偉大之後的一種躍躍欲

⓫徐幹〈室思〉。
⓬曹植〈贈白馬王彪〉。
⓭曹植〈箜篌引〉。
⓮阮籍〈詠懷詩〉其三十二。
⓯陸機〈擬古詩十二首〉，見郝立權《陸士衡詩注》。
⓰劉琨〈重贈盧諶〉。
⓱王羲之〈蘭亭集序〉。
⓲陶淵明〈閑情賦并序〉。

試，把握生命的昂揚情感。在魏晉時代，不同歷史人物對這種生命力的理解也是不同的，不同時期這種生命力所附麗的具體內容也是不同的。漢末豪強「對酒當歌，人生幾何」的背後，是「烈士暮年、壯心不已」的野心。曹魏集聚的一大批才俊之士所闡揚的建安風骨，雖多人生短暫的哀傷，但更有建功立業的慷慨多氣。到名士不旋踵而亡的魏晉之際，在「死生亦大矣，豈不痛哉。固知一死生爲虛誕，齊彭觴爲妄作」後面，是「群籟雖參差，適我無非新」的對大自然的眷戀，去遠離人生的境界中尋找人生的慰藉與心靈的安然。正始名士不拘禮法，毀棄名教；竹林七賢「越名教而任自然」；太康、永嘉之世一面有爲放達而放誕的頹廢名士，一面有「撫枕不能寐，振衣獨長想」，「何期百煉鋼，化爲繞指柔」中興名臣猛將的窮途悲憤與遠大的政治抱負。正是因爲有這些活生生的歷史內容，才使得這純情的生命崇拜沒有流於頹廢消沈；也正是由於人格的覺醒和生命的昂揚，才使這些歷史的具象有了更富感情的文學、藝術和美學的蘊意。因此，從古詩十九首、建安風骨、正始之音、竹林之遊、太康之放、永嘉之誕，直到陶潛的〈自祭文〉均放言生死，哀其所傷，但不囿於生死，發慷慨深情於生死之外。所以，魏晉之際方有了眞正主體人格意義上發內心之永恆感傷的「純」文藝。

憑藉人格的覺醒，文化價値體系開始經歷了一個徹底否定的過程，並逐步重新建構，從學術到藝術，從觀念到習俗，統統轉變，形成了帶有藝術魄力的時代特徵——魏晉風度：不論男女皆重容顏的修飾、服裝的奇詭；飲酒服藥以助情性；玄談妙解以示高雅。《世說新語》所記載的一切說明了，個體人格的高標特立，竟成了人們所追求的理想。人的那種內在的才性、品格，外現的容貌、神采比以往名教弘揚的功業、節操、學問更能吸引人們去仿效。人的生命意識和人格的覺醒成爲魏晉文藝所表現的主旨和重心；以高雅神采的風貌體現擺脫束縛的、覺醒的生命人格是魏晉文藝的審美情趣。

引導這一覺醒和審美情趣的世族知識份子，大多是魏晉莊園經濟的所有者，不僅有世襲不變的政治特權、社會地位；更有自給自足的生活來源和占有的田宅、財富、蔭客（農奴）。他們不再是皇權與名教之下的奴隸，他們的精神和人格擺脫了名教的束縛，他們的「心思、眼界、興趣由環境轉向內心，由社會轉向自然，由經學轉向藝術，由客觀外物轉向主體存在」⑲。上面所講的那種時代風尚——魏晉風度，包括藥、酒、姿儀、品性、談玄、放誕行爲、山水景色的徜徉，構成了生命意識覺醒後外在表現的鑠光。強調內在氣質便成爲魏晉各類形象藝術追求的眞趣，兩漢日常生活、自然世界的生動景物換成了魏晉飄逸玄遠的靜態的人格玄想。抒情詩、線條輕靈傳神的人物畫開始成熟，代替了冗長、華麗、鋪陳的漢賦和樸拙粗重的漢石刻畫像。

「以形寫神」、「氣韻生動」成爲魏晉時期藝術的根本準則。在有形藝術方面，要求表現人物的內在精神氣度、品格風姿，而不重其外在環境、事件、形狀的描繪、鋪陳，尤不重其對自然摹仿式的描繪，這恰好有別於兩漢藝術。南齊畫家、畫論家謝赫把「氣韻生動」作爲繪畫的最高境界，他在〈古畫品錄〉中提出「六法」，「一氣韻生動是也，二骨法用筆是也，三應物象形是也，四隨類賦彩是也，五經營位置是也，六傳移模寫是也。」

---

⑲李澤厚《美的歷程》，文物出版社，1981年版，第93頁。

⑳謝赫在〈古畫品錄〉評第一品第一人的陸探微是「窮理盡性，事絕言象」。講得就是「以形寫神」㉑，顧愷之「畫人，或數年不點目睛。人問其故。顧曰：『四體妍蚩本無關於妙處，傳神寫照正在阿堵中。』」㉒眼神便成爲繪畫中表現「氣韻」和「神采」的最關鍵的部分。「以形寫神」、「氣韻生動」正與《世說新語》的人物性情格調的品評相一致，也與魏晉玄學對事物本質特性的抽象把握、內在思辨相一致。

在文字語言藝術上，「言不盡意」是表現事物、人物內在品格的最佳方式，因爲它提供了表達者與欣賞者無盡的想像空間和不斷昇華的可能性。它雖然是虛置的，卻有深刻的內涵。「言不盡意」正是用人們可理解的言辭去表達、描繪那些概念和具象不可比喻的內在品格和深意，甚至眞理。「言不盡意」，「氣韻生動」、「以形寫神」都有一共同的本質：用有限的、具體的、可窮盡的外在形象言辭，表現某種無限的、抽象的、不可窮盡的內在精神氣質。玄學家王弼表述爲通過同於常人的五情哀樂去表達出超乎常人的神明淸朗的品格㉓。李澤厚先生說是，「要求樹立一種表現爲靜（性、本體）的具有無限可能性的人格理想，其中蘊涵著動的（情、現象、功能）多樣現實性。後來這種理想就以佛像雕塑爲最合適的藝術形式表現出來了」㉔。魏晉「純」文藝的產生離不開人格的覺醒，生命意識的張揚，其中文學推波助瀾的作用更爲顯著。

---

⑳謝赫〈古畫品錄〉，見《中國畫論類編》。

㉑顧愷之語，見《歷代名畫記》卷五。

㉒劉義慶《世說新語·巧藝》。

㉓湯用彤《魏晉玄學論稿·謝靈運弁宗論書後》。

㉔李澤厚《美的歷程》，文物出版社，1981年版，第95頁。

第二節　魏晉文學的氣勢

魏晉被稱爲文學的自覺的時代㉕，文學觀念轉變、文學價值獨立大體始於建安時期㉖。隨著政局的動盪，儒學名教的崩解，玄學的勃興，人格的覺醒，文學的主潮開始偏遠於政治，有別於先秦、兩漢的文學特徵。士人們厭倦了文學與儒學、名教、政治的關係，把文學的主旨與生命意識及道家思想的放達聯繫起來。將人的情感、思想、氣質，乃至人的整個精神世界強調出來，作爲文學描寫的對象。配合玄學之思辨，對文學藝術的內在關聯及審美規律的探究，亦成爲文學理論的重要內容。魏晉文學的氣勢是一個思想解放時代的恢宏鋪陳，體現在文人地位的改變、綜合藝術修養的提高和文學觀念的長足進步。

一、文學具有了獨立的價值、文人地位提高

漢末士人因有莊園經濟爲憑藉，人格日益獨立。居住環境的優渥，幾近道家描繪的理想隱居之地，故怡情山水，哀樂無端的文學意識逐漸遠離儒家的政治倫理，「山林與、皋壤與，使我欣欣然而樂與。樂未畢，哀又繼之」㉗。東漢末仲長統一方面激烈地批判世風，一方面在《樂志論》中抒發「居有良田廣宅」的理想和崇慕「老氏之玄虛」的精神解脫㉘。曹丕在〈與朝歌令吳質

㉕錢穆〈讀文選〉，《新亞學報》第三卷第2期，1958年，第3頁。
㉖王瑤〈文論的發展〉，《中古文學思想》，棠棣出版社，1951年版，第80頁。
㉗《莊子》卷七外篇，〈知北遊〉。
㉘仲長統〈樂志論〉。

書〉㉙中道：

每念昔日南皮之遊，誠不可忘。……馳騁北場，旅食南館。浮甘瓜於清泉，沈朱李於寒水。白日既匿，繼以朗月；同乘並載，以遊後園。輿輪徐動，參從無聲；清風夜起，悲笳微吟。樂往哀來，愴然傷懷。

「建安七子」之一「應璩」在〈與從弟君苗、君胄書〉㉚中道：

閑者北遊，喜歡無量，登芒濟河，曠若發曚。風伯掃途，雨師灑道。按轡清路，周望山野。

怡情山水與文學意識之獨立於魏晉已成流脈，未嘗中輟，至謝靈運發揮到極致。「（靈運）出爲永嘉太守，郡有名山水，靈運素所愛好。出守既不得志，遂肆意遊遨，遍歷諸縣，動逾旬朔，民間聽訟，不復關懷。……修營別業，傍山帶水，盡幽靜之美。與隱士王弘之、孔淳之等縱放爲娛，有終焉之志。每有一詩至都邑，貴賤莫不競寫，宿昔之間，士庶皆遍」㉛。

門閥士族莊園經濟興起與漢末豪強割據的連帶結果就是皇權的削弱和儒家經學的喪微，文人的地位有了變化。漢代文人所慨嘆的「倡優畜之」、「見視如倡」的處境到東漢末已大有改觀，

㉙《文選》卷四十二。
㉚同㉙。
㉛《宋書》卷六十七，〈謝靈運傳〉。

文章興盛令史書也不得不創〈文苑傳〉以紀其事。「自東京以降，訖乎建安，黃初之間，文章繁矣。然范、陳二史〈文苑傳〉始於《後漢書》。所次文士諸傳，識其文筆，皆云所著詩、賦、碑、箴、頌、誄若干篇，而不云文集若干卷，則文集之實已具，而文集之名猶未立也」㉜。文人的地位可從曹氏父子與一批士人勃興「建安文學」熱潮略見其一斑，「始文帝（曹丕）爲五官將，及平原侯（曹）植皆好文學，（王）粲與北海徐幹字偉長，廣陵陳琳字孔璋，陳留阮瑀字元瑜，汝南應瑒（？－217年）字德璉，東平（劉楨）（？－217）字公幹，並見友善」㉝。曹氏父子與其頗具文才的僚屬形成了「鄴下文人集團」㉞，相互唱和，以文學作品反映當時的社會現實和建功立業的慷慨之氣，不僅使文學與個人的生命意識融合一體而具有了獨特的價值，也使擅長文學之士人的社會地位大幅提高。建安文人大多以文才博得曹氏父子的青睐，出任要職，或乾脆直接在文學方面服務於曹氏父子，甚至爲他們捉刀代筆。尤其是阮籍的父親阮瑀，所任角色大致相當於曹操的文字秘書及顧問，他死後曹丕還專門寫文章憑弔。「鄴下文人集團」中的吳質（177－230年）竟能以文才「官至振威將軍，假節都督河北諸軍事，封列侯」㉟，曹丕也屢作文賦與吳質唱和，這在漢代是不太可能的。可見文學的獨立價值超越了政治的倫理，文人的地位在人格上提升了。

㉜章實齋《文史通文》卷三，〈文集〉。

㉝陳壽《三國志·王粲傳》。

㉞游國恩、蕭滌非等主編《中國文學史》第一卷，人民文學出版社，1983年版，第213頁。

㉟同㉝。

二、從綜合藝術修養中看士人文學意識之自覺

東漢仲長統在論及士人的理想生活情境時形容道：「諷於舞雩之下，詠歸高堂之上」，「彈南風之雅操，發清商之妙曲」㊱。可見士人所追求的不僅是怡情山水時外在環境的優雅，還要有自身內在的文學和藝術修養和才能。史載東漢中葉以後士人多博學能文雅擅術藝，且在日常生活中恣意張揚，不僅爲做人之修養，亦成爲表達內心世界的一種方式。此類士人如馬季良（馬融）、邊文禮、酈文勝、禰正平（禰衡）等。很有代表性的一位是司馬遷（約前145－前87年）的外孫楊惲，他在與友人、安定太守孫會宗的書信中㊲寫道：

> 家本秦也，能爲秦聲；婦趙女也，雅善鼓瑟，奴婢歌者數人，酒後耳熱，仰天俯擊，而呼烏烏。其詩曰：田彼南山，蕪穢不治，種一頃豆，落而爲萁。人生行樂耳，須富貴何時！是日也，拂衣而喜，奮衰低卬，頓足起舞。

其內心自覺之生命意識通過文學藝術的方式來抒發的意向是十分明顯的。錢穆先生稱之爲此時方有眞正意義上的文人出現，「有文人，斯有文人之文。文人之文之特徵，在其無意於施用。其至者，則僅以個人自我作中心，以日常生活爲題材，抒寫性靈、歌唱情感，不復以世用攖懷」㊳。個性獨標，內心自覺的方

㊱仲長統〈樂志論〉。
㊲《漢書》卷六十六，〈楊敞傳〉附楊惲傳。
㊳錢穆〈讀文選〉，《新亞學報》第三卷第2期，1958年，第3頁。

式還表現在其他諸如音樂、書法、圍棋等方面。阮籍家族有妙解音律的傳統，其父阮瑀「善解音，能鼓琴，遂撫弦而歌」[39]。阮籍的好友嵇康「臨刑東市，神氣不變。索琴彈之，奏廣陵散。曲終曰：『袁孝尼嘗請學此，吾靳固不與，廣陵散於今絕矣。』」[40]。嵇康、阮籍等都有從哲學高度論音樂的專論。嵇康〈聲無哀樂論〉以和聲無象，哀心有主，將「自然無爲」的原則貫穿於音樂。阮籍〈樂論〉認爲樂本自然，非由人爲。他們都認識到音樂對主體人格的文學意義，「導養神氣，宣和情志」[41]。曹植更將通音樂視爲文人之必備才能，「夫君子而不知音樂，古之達論，謂之通而蔽」[42]。文學與音樂對人生觀啓迪的作用是一致的。

書法轉入文人之手而成爲一種藝術當在漢末，隨著更能體現書法之美的書寫材料如紙張、絹帛的流行，文人以書法表達個性遂成時尚。當時已有四體[43]（古文、篆、隸及草），產生了諸如張芝、蔡邕、師宜官、梁鵠、衛瓘、鍾繇、韋誕、衛瓘、索靖、陸機、王羲之等文人書法大師。漢晉之際，士人崇尚放達，人格覺醒、性情無拘、行事簡易，故推崇草書之體勢。加上魏晉明令禁止勒碑，篆、隸、楷體頗受局限，故行、草體之帖流行，加之所書寫內容多爲書信、文賦，可以淋漓盡致地從內容和字體中表達情感，且行草有兼旋律、節奏、頓錯之美感。其勢與文人放達之情懷是極爲相通的，「宛若盤螭之仰勢，翼若翔鸞之舒翮；或

---

[39]《三國志·魏志》卷二十一，〈王粲傳〉注引〈文士傳〉。
[40]《世說新語》卷三，〈雅量〉。
[41]《嵇中散文集》卷二，〈琴賦序〉。
[42]《曹子建集》卷九，〈與吳季重書〉。
[43]《三國志·魏志》卷二十一，〈劉劭傳〉注引〈四體書勢序〉。

乃放手飛筆，雨下風馳；綺靡婉娩，縱橫流離」㊹，「著絕勢於紈素，垂百世之殊觀」㊺，文人寄託性情之意是躍然紙上。

魏晉文人視「圍棋」爲雅事，超越了前代以弈爲兵理，將其上昇到體驗「天人合一」境界，摹擬陰陽消息之理的藝術。曹魏「鄴下文人集團」中的王粲、應瑒都是圍棋好手，大書法家邯鄲淳也好博弈。阮籍甚至在母親去世時，正在與人下圍棋，下完後方去奔喪。後來南朝梁文學理論家評論道，「漢魏名賢，高品間出」㊻。圍棋是中國古代陰陽學說、兵家理論、易學象數的一種特殊表現方式。我曾在1990年專門寫過一部七集的電視文化片「黑白魂」，論其奧妙㊼。圍棋不僅體現哲人的智慧，還有特殊的文化品味和審美情趣，既有道家之情境，又有儒者之胸懷；既有兵家之韜略，又有陰陽家之算度。圍棋更強調棋理、人生與自然的契合，它把魏晉文人在「坐隱」中引入「天人合一」、「萬物一體」、「遺世孤立」之高標人格的境界，亦從文學上引人從中得出對自然人生的了悟㊽。

三、文學觀念有了長足的進步

魏晉動盪的時局、頻仍的戰亂，把愛好文學的士人拋入現實生活，他們有機會接觸下層社會，親身體嘗顛沛流離的苦痛。不僅建安文人因「世積亂離，風衰俗怨」寫出了「志深而筆長」的

㊹王珉〈行書狀〉。
㊺索靖〈草書狀〉。
㊻沈約〈棋品序〉。
㊼辛旗《黑白魂·玄妙之謎》，北京出版社，1990年版。
㊽辛旗〈圍棋小史〉，《中華傳統文化大觀》，中國大百科全書出版社，1993年版，第454頁。

詩篇，而且後來的阮籍、嵇康、左思（約250－約305年）、陶淵明也都留下了數量宏富、情文並茂的現實主義作品。「文學創作的繁興爲文學理論提供了基礎；正因爲五言詩臻於成熟，鍾嶸（？－518年）方有可能從理論上來總結五言詩的流變和規律」㊾。文學創作的發展也要求文學觀念和理論隨之系統化。魏晉時期的文學理論，一掃兩漢低沈凝滯，在中國文論史上呈現第一個發展的高峰。

對文學本質特徵的認識更加深入。先秦兩漢儒者對文學本質有所認知，但局限於文學的政教功能。魏晉把情感因素置於文學中的重要位置，而且不將其限於詩，視爲各種體裁文學作品的特徵。形式美也被視爲文學作品的主要標誌，曹丕首倡「詩賦欲麗」㊿，指出文學作品除了感情強烈之外，還要具有辭采美和聲律美。對如何描摹物態的問題，也爲魏晉文人所重。如陸機說：「體有萬殊，物無一量，紛紜揮霍，形難爲狀。」「雖離方而遯員，期窮形而盡相。」51「窮形盡相」成爲寫文章追求的一個目標。

魏晉文學觀念的長足進步，不僅表現在區分文筆，嚴爲界說，更主要的是借助道家、玄學、佛學的思辨方法和豐富的、義涵精審的概念、範疇，在文學理論中，完整地提出了本體論，歷史地繼承了功用論，全面地概括出批評論，系統地創造了文體論，深刻地總結出創作論，具體地發展了通變論。

魏晉以後，文學思想既從儒學桎梏中解脫出來，而當時品評

㊾黃保眞、成復旺、蔡鍾翔《中國文學理論史》（先秦兩漢魏晉南北朝時期），洪葉文化事業有限公司，1993年版，第190頁。

㊿曹丕《典論·論文》。

51陸機《文賦》。

人物又十分注重人物特殊的個性風格，於是文學的風格問題也倍受重視，曹丕提出了「文以氣爲主」[52]的論斷，就是適應了文人品性、風度的內在氣質，把作家個性放在文學的首要地位。魏晉每一個文學家從爲人處事到作品風格，都有其特殊的氣度，這就是魏晉文學的氣勢。阮籍的一生從文學史的意義上講也是對人性覺醒過程，用酒、詩、文、事作出最生動的詮釋；他集中表現了魏晉各種文人經歷的風風雨雨、苦辣酸甜；他的文學作品、文學思想直接繼承了「建安風骨」「使氣以命詩」，寄情以騁懷，在魏晉文學，特別是五言詩的發展中占有非常突出的地位。

第三節　阮籍的文學思想

阮籍在古代思想史上的成就，表面上看不如他在文學史上突出。作爲哲人、思想家，他和嵇康代表正始玄學的一個流派，在學術觀點上傾向於對現實政治及儒道兩家理論的評說，缺乏一整套概念的演繹及邏輯的論證。但是，抽象思辨的缺乏並未影響阮籍思想的豐富性，反而令他的一系列作品在哲思之中洋溢出瑰麗的文采。換個角度講，這也是魏晉哲人內心痛苦的曲折寫照。阮籍由「儒」入「道」，由有「濟世志」轉爲「逃空虛」皆因現實政治之險惡，並非全爲思想認知方面的變化。而且，「逃空虛」只能付諸於思想，不能露骨地見諸於實際行動。一個極有名望又曾參與過政治活動的人，如果眞的逃避起來，那就會被當政者視爲異己而不能放過。內心的矛盾幾乎全都傾吐於他的文學作品

---

[52]同[51]。

中，阮籍所作的辭賦和散文留傳下來的不多，但篇篇顯露出內心的痛苦、焦慮，而最能令今人瞭解其內心世界的莫過於他所作的大量的〈詠懷詩〉。這些詩作隨感而發，隨意抒寫，不僅表露了他的思想情感，也昭示著他的藝術天賦和文學造詣在同時代是無出其右的佼佼者。

下面將結合阮籍的文學作品略展開論述他的文學思想。

一、創作貫穿老莊思想，與建安文學有明顯的不同

漢末建安時期因時代動盪、英雄輩出，文學界亦打破附屬於經學的沈寂，掀起了文人詩歌、文賦的高潮，這時的文學風格直接承繼了漢樂府民歌的現實主義精神，反映建功立業的時代精神，形成「慷慨悲涼」的獨特風格。而到正始時期，阮籍於玄學中力倡莊學，在其文學作品中亦貫穿此一主旨，形成了「放達玄遠」的特徵，與建安文學有很大的區別。阮籍的〈達莊論〉一文是典型的代表，這也是魏晉闡發莊學之見於著述的第一篇文章[53]，「莊子出現在魏晉史上，始於阮籍」[54]。此文是阮籍之思想由正始玄學（老子學）轉入「越名教而任自然」竹林莊學的關鍵。阮籍文學中的莊學氣息，也反映了他由〈樂論〉的「刑教一體，禮樂外內」到〈大人先生傳〉中「君子之禮法，誠天下殘賊亂危死亡之術」的轉變，顯示了正始玄學已無法調和自然與名教的關係，老莊思想貫穿於文學已成不可避免之趨勢。

〈達莊論〉開篇如是道：

---

[53] 黃錦鋐〈莊子及其文學〉，第166頁「魏晉之莊學」，見《漢學論文集》，驚聲出版社。

[54] 韋政通〈阮籍的時代和他的思想〉，見《中國哲學思想論集·兩漢魏晉隋唐篇》，水牛出版社，1988年版，第298頁。

伊單閼之辰，執徐之歲，萬物權輿之時，季秋遙夜之月，先生徘徊翱翔，迎風而遊，往遵乎赤水之上，來登乎隱坌之丘，臨乎曲轅之道，顧乎泱漭之州，恍然而止，忽然而休，不識曩之所以行，今之所以留，悵然而無樂，愀然而歸白素焉。平晝閒居，隱幾而彈琴。於是縉紳好事之徒，相與聞之，共議撰辭合句，啓所常疑。……

此段及全文襲用《莊子》文句頗多，多源自〈天地〉、〈知北遊〉、〈人間世〉和〈齊物論〉等篇，申揚莊義，崇尚「虛無」境界。阮籍的另一篇賦體傳記藉蘇門先生之辯辭，「大人先生」之神采，申述道家、莊子之旨，駁斥君子與禮法，宣揚老莊出世思想和魏晉名士之風度。〈大人先生傳〉中說：「與世爭貴，貴不足爭；與世爭富，富不足先。必超世而絕群，遺俗而獨往。」此文中通過大量的對話和人物風格描寫，闡發逍遙的旨趣，同樣，阮籍在〈詠懷詩〉中也貫穿著老莊思想，許多詩作抒發那種時光易逝，人生不久，世務紛繁，名利不足惜，神仙不可求，退而求隱的放達情懷。如〈詠懷詩〉其三十五：

世務何繽紛，人道苦不遑。壯年以時逝，朝露待太陽。願攬羲和轡，白日不移光。天階路殊絕，雲漢邈無梁。濯髮暘谷濱，遠遊崑岳傍。登彼列仙岨，採此秋蘭芳。時路烏足爭，太極可翱翔。

其三十二：

朝陽不再盛，白日忽西幽。去此若俯仰，如何似九秋。人生若塵露，天道竟悠悠。齊景升丘山，涕泗紛交流。孔聖臨長川，惜逝忽若浮。去者余不及，來者吾不留。願登太華山，上與松子遊。漁父知世患，乘流泛輕舟。

尤其是〈詠懷詩〉其四十二，其中既有建安風骨之餘緒，又有正始放達之濃情，正可說明阮籍文學思想承其父建安文學之餘脈，察時世之變遷，將玄學莊學之思想主調融於文學作品之中，這也正是阮籍作品被後人評價爲「厥旨淵放，歸趣難求」的原因。請悟此詩意寓：

王業須良輔，建功俟英雄。元凱康哉美，多士頌聲隆。陰陽有舛錯，日月不常融。天時有否泰，人事多盈沖。園綺遯南岳，伯陽隱西戎。保身念道眞，寵耀焉足崇。人誰不善始，尠能剋厥終，休哉上世士，萬載垂清風。

二、使「氣」以命詩文，表現上多用比興手法

阮籍詩文的創作，貫盈一股「氣」勢，它是與那個時代對生命意識自覺相關聯的。加之以對天下的責任；對現實的恐懼、無奈；對神仙生活的憧憬和對精神自由解脫的追求。這股「氣」不是用「儒」或「道」的理論能加以詮釋的，而是內心憤懣、焦慮與社會良心不能付諸行動的自責混雜在一起，通過詩文的曲折隱約表達來抒發。因爲這股「氣」被壓抑，只能在詩文中馳騁，故

而阮籍的詩文或氣勢崢嶸，或雄渾高曠，或旨趣玄遠，或微情宛哀。這爲其施展文學的技巧提供了廣闊的天地，有如古詩十九首「行行重行行，與君生別離」開篇已寓萬種情懷，一腔幽怨。

阮籍的詩文繼承了先秦〈小雅〉和漢「古詩十九首」「使氣以命詩」[55]的傳統，又借鑒了楚辭的鋪張比興的寫作手法。他「不僅是建安以來第一個全力作五言詩的人，而且能吸收多方面的影響，創造獨特的風格」[56]。阮籍詩文的比興技巧有自己獨到之處，最突出的一點就是寓意深遠，切中實質又不露痕跡。對於比興的定義，歷來有多種說法，如鄭衆的「比者比方於物，興者託事於物」[57]。劉勰（約465－521年）的「比者附也，興者起也；附理者切類以指事，起情者依微以擬議」[58]。比，就是修辭學中的比喻象徵法，用相類似的事物引發出一種情境；興，就是修辭學中的聯想關聯法，以一種情境引發聯想到相類似的事物及道理。引起聯想的事物可能與後面所抒發的情境無關，但是自《詩經》以後，歷代文學更重於相關聯的情境，將前後呼應起來。既然是「觸物起情」、「觸景生情」，那麼「物」、「景」必然要與作者主觀抒發的「情」聯繫得起來，才能對詩文的形象審美功能，產生或多或少的渲染與烘托作用。所以說，「比」的功效在於使人引起無窮的聯想，藉以豐富讀者的想像力；「興」的功用在於使詩文本身的氣氛或特性更加顯著，更加突出。

---

[55]劉勰《文心雕龍·才略》。

[56]游國恩、蕭滌非等主編《中國文學史》第一册，人民文學出版社，1983年版，第222頁。

[57]《周禮·春官》「宗伯」，鄭箋引（見《周禮注疏》卷二十三）。

[58]劉勰《文心雕龍·比興》。

陳沆（生卒不詳）在〈詩比興箋〉[59]中這樣評價阮籍的比興手法：「阮公憑臨廣武，嘯傲蘇門，遠寄曹爽，潔身懿師，其詩憤懷禪代，憑弔今古，蓋仁人志士之發憤焉，豈直憂生之嗟而已哉？特寄託至深，立言有體，比興多於賦頌，奧詰達其渺思。」我們可以從他一些詩作中去感悟：

> 嘉樹下成蹊，東園桃與李，秋風吹飛藿，零落從此始。繁華有憔悴，堂上生荊杞。驅馬舍之去，去上西山趾。一身不自保，何況戀妻子？凝霜被野草，歲暮亦云已。

阮籍善於用花草、塵露、風雲、禽鳥、昆蟲、神仙等，寓意於象徵、託情於萬物。在「興」的手法方面，阮籍善用由景物連帶情感，使情感有一依託的曠古時空。如：「天馬出西北，繇來從東道；春秋非有託，富貴焉常保。」，「登高臨四野，北望青山阿，松柏翳岡岑，飛鳥鳴相過。感慨懷辛酸，怨毒常苦多。」，「驚風振四野，迴雲蔭堂隅。床帷為誰設？幾杖為誰扶?」，「湛湛長江水，上有楓樹林。皋蘭被徑路，青驪逝駸駸。遠望令人悲，春氣感我心。」，「門秋兆涼氣，蟋蟀鳴床帷。感物懷殷憂，悄悄令心悲。」在「興」方面最典型的情感是對生命短促的傷悲。

三、悽惻娓婉的抒情筆法，開後世文風

阮籍因處於魏晉政權更替過程中，傷感與苦痛的情感今人是無法體會的，他悲憫弱者，也憐惜自身，故詩文的筆調悽惻娓

[59]黃節《阮步兵詠懷詩注》引。

婉，清麗的詞藻中是斑斑的血痕和擲地有聲的刀劍烈火，這種靜肅凜烈之美感爲後人開創了「無所傍依」的傷感文風。請看下面的筆意：

> 懸車在西南，羲和將欲傾。流光耀四海，忽忽至夕冥。朝爲咸池暉，濛汜受其榮。豈知窮達士，一死不再生。……楊朱泣岐路，墨子悲染絲。揖讓長離別，飄颻難與期。豈徒燕婉情，存亡誠有之。蕭索人所悲，禍釁不可辭。……寒門不可出，海水焉可浮。朱明不相見，奄昧獨無候。持瓜思秉陵，黃雀誠獨羞。失勢在須臾，帶劍上吾丘。悼彼桑林子，涕下自交流。假乘汧渭間，鞍馬去行遊。

阮籍傷感的抒情筆法在文賦中亦有淋漓地發揮，如他所作的〈首陽山賦〉有句：

> 惟茲年之末歲兮，端旬首而重陰，風飄回以曲至兮，雨旋轉而纖襟。蟋蟀鳴乎東房兮，鶗鴂號乎西林，時將暮而無儔兮，慮悽愴而感心。振沙衣而出門兮，纓緌絕而靡尋，步徙倚以遙思兮，喟嘆息而微吟。……懷分索之情一兮，穢群僞之射眞，信可實而弗離兮，寧高舉而自儐。聊仰首以廣頫兮，瞻首陽之岡岑，樹叢茂以傾倚兮，紛蕭爽而揚音。下崎嶇而無薄兮，上洞徹而無依。鳳翔過而不集兮，鳴梟群而竝棲，……嘉粟屏而不存兮，故甘死而採薇。

阮籍此種文風的緣起，劉履評價得頗爲深刻[60]：

---

[60]同[59]。

此言魏室全盛之時，則賢才皆願仕其朝，譬猶東園桃李，春玩其華，夏取其實，而往來者衆，其下自成蹊也。及乎權奸僭竊，則賢者退散，亦猶秋風一起，而草木零落，繁華者於是而憔悴矣，甚至荆杞生於堂上，則朝廷所用之人，從可知焉，當是時，惟脱身遠遁，去從夷齊於西山，尚恐不能自保，何況戀妻子乎！

阮籍的感傷恰好是魏晉思想解放大潮中生命意識覺醒與時世險惡人生無常恐懼的交織，是人生傷感與政治悲憤合一的結果。因此，他不僅繼承了古詩十九首那種普遍的、永恆的生死別離之傷感，又開拓了主體特殊的生命感受與人生豐富經歷中那種與善惡忠奸相應的道德情感。

四、文賦受《莊子》寓言、楚辭神遊及漢賦鋪張等風格的影響

阮籍所寫的賦、書、論、傳、讚、誄，文中使氣騁辭，詞藻華麗，奇偶相生，韻文與散文相雜，形成獨特的風格，尤其受《莊子》寓言、楚辭神遊、漢賦鋪張的影響。如〈清思賦〉筆意:

……夫清虛寥廓，則神物來集；飄䬙恍惚，則洞幽貫冥；冰心玉質，則皦潔思存；恬淡無欲，則泰志適情。伊衷慮之道好兮，又焉處而靡逞。寒風邁於黍穀兮，父誨子而遊鶮。孺悲而母歸兮，吳鴻哀而象生。兹感激以達神，豈浩瀁而弗營。志不覬而神正，心不蕩而自誠。固秉一而內

修，堪奧止之匪傾。……

如〈答伏羲書〉筆意：

……夫人之立節也，將舒網以籠世，豈樽樽以入罔；方開模以範俗，何暇毀質以適檢。若良運未協，神機無準，則騰精抗志，邈世高超，蕩精舉於玄區之表，攄妙節於九垓之外而翱翔之。……

如〈樂論〉筆意：

……樂者，使人精神平和，衰氣不入，天地交泰，遠物來集，故謂之樂也。今則流涕感動，噓唏傷氣，寒暑不適，庶物不遂，雖出絲竹，宜謂之哀，奈何俛仰歎息以此稱樂乎！昔季流子向風而鼓琴，聽之者泣下沾襟，弟子曰：「善哉鼓琴！亦已妙矣。」季流子曰：「樂謂之善，哀謂之傷；吾爲哀傷，非爲善樂也。」

如〈大人先生傳〉筆意：

……君子之處區內亦何異夫蝨之處褌中乎？悲夫！而乃自以爲遠禍近福，堅無窮已；亦觀夫陽烏遊於塵外而鷦鷯戲於蓬艾，小火固不相及，汝又何以爲若君子聞於予乎？且近者夏喪於商，周播之劉，耿薄爲墟，豐鎬成丘，至人未一顧而世代相酬，厥居未定，他人已有，汝之茅土，誰將與久？

阮籍文賦博采先人所長，將戰國文論之邏輯、楚辭的騁馳文意、莊周的詼諧寓理、漢賦的詞藻堆砌揉合在一起。然而，他並沒有因形式的巧用和博采而喪失獨有的意境，其內容的沈重與質地樸實，使阮籍在形式講究的文風之中仍能看到對「建安風骨」的繼承，不過這種風骨多少被正始時期莊子學興盛後的超脫之色沖淡了。

第九章　阮籍的〈詠懷詩〉

第一節　〈詠懷詩〉的意義與源流

阮籍思想情感的透徹表白、文學天才的淋漓發揮，都集中在他的八十二首五言〈詠懷詩〉中。探討他的〈詠懷詩〉，可以說是研究阮籍思想和文學創作的一個重要的切入點。阮籍之後的人對其〈詠懷詩〉都是持推崇的態度，尙未見到貶損之論。有人評價他凌駕同代諸人直承曹子建（植），也有人說他凌駕曹子建直承楚騷、漢賦，更有人稱他影響了唐朝李白的詩風。〈詠懷詩〉甚至幾乎成爲阮籍文學地位的代名詞。

一、〈詠懷詩〉的意義

阮籍的〈詠懷詩〉歷代傳誦，且歷代文人又嘆其艱深難解，鍾嶸稱之爲「厥旨淵放，歸趣難求」❶。顏延之稱「文多隱避，百代之下，難以情測」❷，劉勰亦言「阮旨遙深」❸。的確，阮籍生當魏晉天下多故之際，爲了避禍，詩意深澀朦朧，實屬必然；加之他又是玄學中人，對莊子甚爲推崇，窮理盡性、玄遠莫

---

❶鍾嶸《詩品》。

❷《文選》李善注引顏延年語。

❸劉勰《文心雕龍·明詩》。

測的哲理也當然要浸漫於〈詠懷詩〉的字裏行間。阮籍的八十二首〈詠懷詩〉非成於一時，也不都是刻意而作，多是隨意抒感。後人在編輯這些詩篇時，憑主觀的意象給其一個詠懷的題目，似不能全部概括這些詩的眞意，倒是與阮籍時代比較接近的詩人，如顏延之（384－456年）、沈約等人所評價的「憂生之嗟」四個字更爲貼切。今人陳伯君先生評論道❹：

> 阮籍〈詠懷詩〉的意旨成了一個「謎」，而「謎底」則隨他的死去而湮沒，永遠無法核對。然而有了這樣好的「謎面」，自然就不斷有人去猜。從顏延之、沈約直到李善諸人，都還採取謹愼的態度，只說一個總的印象是「憂生之嗟」，並沒有按某首某句去解謎。到了後來，就有人配合著阮籍當時的政局去推測他的某首詩的涵義。這本來是對的，以阮籍的思想和他所遭遇的世變，他的這些抒懷詩決不會無端興起，而必定是有個端的。從當時的政事去探索他的這個端，當然是一條最可取的研究方法。可是，這要十分愼重，如果勉強去迎合，就不免失之穿鑿附會……。

阮籍的詩之所以有「謎」樣的魅力，是與他運用言此意彼的表現手法相關聯的，這種手法又是其玄學的思維方式所決定的。當時「言意之辨」，不拘泥字句的解釋，重視神理的發現成爲時尙，既然「言意之辨」被玄學家作爲方法論用於思維與實踐，阮籍也不妨將此法用於寫詩，我們也可以用此法來詮釋其奧妙。阮籍的

---

❹陳伯君〈阮籍集校注序〉。

詩最顯著的特點就是不同於以往詩歌創作的紀實風格，不直接描寫現實，而是大量用典。八十二首〈詠懷詩〉，以典故表達主觀意向的現象，隨處可見。以歷史描繪的方式來體現主觀的意向，必得有一個前提，即歷史上的彼事與主觀中的此事之間存在聯繫，二者有相似性。阮籍主觀中的此事，無論多麼玄遠，總是現實的產物；與歷史彼事的關聯，無論怎樣差異，總有可比之處。如〈駕言發魏都〉、〈湛湛長江水〉等篇用典比喻，針砭某事，只是一種抽象的哲理批判，雖有當時的具體背景，但已經上昇到了普遍性。

阮籍在詩中還將自己的情感意向模糊化，追求言此意彼的玄遠效果，使看似具象的詩歌內容透出玄理的味道。例如，阮籍很少將其「憂生之嗟」明確化。「夜中不能寐，起坐彈鳴琴。薄帷鑒明月，淸風吹我襟。孤鴻號外野，翔鳥鳴北林。徘徊將何見，憂思獨傷心」。此詩極爲抒情，然而爲何有此憂思？內容爲何？若牽強史事論其所指，大謬也！實「以言盡玄意」。對於阮籍〈詠懷詩〉的玄學思辨特點，前人也略有論及。如嵇叔良說：「先生（指阮籍）承命世之美，希達節之度，得意忘言，尋妙於萬物之始；窮理盡性，研幾於幽明之極。」❺劉熙載（生卒不詳）說：「步兵虛無恬淡類莊列」，「阮嗣宗詠懷，玄家之言」❻。八十二首〈詠懷詩〉，代表著正始文學的最高成就。無論如何地朦朧，還是曲折隱晦的反映了那個時代，充分地反映了那個殘酷政治中知識分子普遍的心理感受。阮詩用典且模糊情感意

❺嵇叔良《魏散騎常侍阮嗣宗碑》。
❻劉熙載《藝概》。

向，實出於不得已，「遭阮公之時，自應有阮公之詩也」❼，深明其苦衷。阮籍〈詠懷詩〉與永嘉年玄言詩及六朝逞博的詩用典、旨玄目的不同、方法有別，藝術成就不可同日而語。

漢樂府五言詩以敘事爲主，逐步變爲古詩十九首抒情爲主，又過渡到建安諸位詩人敘事抒情言志並舉。到了阮籍五言詩的抒情敘事言志又雜以玄理之旨。這一嬗變的過程顯示出中國古典抒情詩創作逐步地由具體事物描寫發展到心理刻劃，普遍象徵；由反映客觀現實爲主而演變爲更多地表現作者的主觀傾向。在此過程中，阮籍及其〈詠懷詩〉的意義非常重要，其詩明確地以「憂生之嗟」爲旨，以「詠懷」爲重，表現了五言詩轉變詩風的軌跡。以後同類詩作的大量湧現，皆步阮籍的後塵而已。

二、〈詠懷詩〉的版本

〈詠懷詩〉的版本最早見諸篇籍的，是南朝梁蕭統（生卒不詳）編訂的《昭明文選》，但僅錄了十七首，篇目順序也不同於張溥百三家集題辭本。《昭明文選》五臣注與六臣注在文字上略有出入❽。南朝陳徐陵的《玉臺新詠》卷二也選錄〈詠懷詩〉二首，分別是其二、十二，文字與《昭明文選》也有不同❾。隋朝虞世南撰《北堂書鈔》百六十卷，其中卷一二九、一五七，引〈詠懷詩〉其十五、十九、七十三。唐代歐陽詢（557－641年）纂《藝文類聚》百卷，分別在卷七、十八、二六、三三、八七、

---

❼沈德潛《說詩晬語》。

❽詳細差異可參考邱鎭京《阮籍詠懷詩研究》，文津出版社，1994年版第104頁。

❾同❽，第105頁。

九十等六卷，引〈詠懷詩〉其一、其二、其三、其四、其五、其六、其八、其九、其十、十二、十五、十六、十九、二十七、三十一、三十四、四十三、四十五、四十六、五十九、七十一等二十一首之多，然而在文字上的差異更大⑩。差異大致未損及詩意，主要是俗體、省體及同義字的混用。張溥後來訂正詩篇時，很多地方參照此一版本。唐代的徐堅（生卒不詳）也在其《初學記》卷一、二、三、五、十九、二七、二八當中，引〈詠懷詩〉八首（其一、二、四、六、九、二十七、五十七、八十二）。唐以前文集或類書載阮籍〈詠懷詩〉的情況大致如上。

張溥在百三家題辭本〈詠懷詩〉其二十一注中寫道：

> 京師曹氏家藏阮步兵詩一卷，唐人所書與世所傳多異。其一篇云：放心懷寸陰，羲和將欲冥。揮袂撫長劍，仰觀浮雲行。雲間有立鶴，抗首揚哀聲。一飛沖青天，疆世不再鳴。安與鶉鴳徒，翩翩戲中庭。

可見唐朝已有阮籍詩作的單行本流傳，然從上面引詩來看，傳抄中字形偏誤甚多（如「放」應爲「於」、「立」應作「玄」、「行」本作「征」、「翩翩」本作「連翩」），以致後來漸被淘汰，不見流傳。宋元期間，李昉《太平御覽》中，引有其一、其二、其三、其六、十四、十九、二十七等七首，分散於卷三八一、七〇〇、八一六、九四九、九六七、九六八、九七八裏面。無其他單行本存世。明朝以後阮籍詩作的刻本多了起來，

---

⑩見邱鎮京《阮籍詠懷詩研究》，文津出版社，1994年版，第106頁。

大致有：嘉靖二十二年刊行的四明范欽刊本（現藏臺北故宮圖書館）及萬曆間新安汪士賢刊本（現藏臺北中央圖書館善本書室）〈阮嗣宗集〉二卷（收在《漢魏名家集》中），其卷下錄有全部〈詠懷詩〉八十二首，但編目順序與張溥題辭本迥異，與《昭明文選》所錄十七首也不相同。更將其四十八「鳴鳩嬉庭樹」放在其四十七「生命辰安在」之後合併成爲一首。另多編二十二「青鳥海上遊，鸒斯蒿下飛……」一首。薛應旂（生卒不詳）編明嘉靖刊本《六朝詩集》中，收有〈阮嗣宗集〉三卷（現藏臺北中央圖書館善本書室），其卷二、卷三錄有〈詠懷詩〉八十二首，順序排列與前述各本也不同，且舛誤甚多⑪。倒是臺北故宮收藏的明代刊行白口八行本《阮嗣宗詩》一卷一册，順序與薛應旂本相同，但印製無誤，書後還附有東平太守嵇叔良（生卒不詳）撰《阮公碑》。馮惟訥（生卒不詳）編有《詩紀》也收錄八十二首〈詠懷詩〉，後來張溥的《阮步兵集》就是依《詩紀》的順序編訂〈詠懷詩〉的⑫。張溥的題辭本見錄於《漢魏六朝百三名家集》中，校勘頗爲精審，他在〈詠懷八十二首〉題下注道：

> 詩紀云：阮集傳之既久，頗存譌闕，校錄者往往肆爲補綴，作者之旨，淆亂甚焉。今以諸本參校，其義稍優。

所謂諸本：《昭明文選》、《玉臺新詠》、《漢魏詩集》、《藝文類聚》、《初學記》、唐人鈔寫本、外編本、「今本」和未注

⑪詳見邱鎮京《阮籍詠懷詩研究》，文津出版社，1994年版，第108頁。
⑫阮籍的八十二首〈詠懷詩〉所排順序可參考邱鎮京《阮籍詠懷詩研究》第四章，附「詠懷詩編次異同表」。

版本名稱的其他本。張溥校勘每字必有根據，引徵據典，甚爲可信，故其後曾國藩《十八家詩鈔》、丁仲詁《全漢三國南北朝詩》大抵沿用其書。張溥之後，以黃節的《阮步兵詠懷詩注》最優，該書成於1926年，所本爲仁和蔣東橋（生卒不詳）本⑬，取張溥之說。之後尙有梅縣古直撰《阮嗣宗詩箋》及黃侃（季剛）（1886－1935年）《阮步兵詠懷詩箋》。1985年中華書局出版了黃節、黃況的弟子陳伯君先生的《阮籍集校注》，卷下〈詠懷詩〉部分，堪稱目前最佳注本。

三、〈詠懷詩〉的源流

對阮籍〈詠懷詩〉的源流，歷代學者有四種觀點。第一種認爲出於《詩經・小雅》。首倡者爲南朝梁鍾嶸：「晉步兵阮籍詩，其源出於小雅，無雕蟲之功，而詠懷之作，可以陶性靈、發幽思，言在耳目之內，情寄八荒之表，洋洋乎會於風雅，使人忘其鄙近」⑭。明代張溥也持此說，在他所輯《漢魏六朝百三名家集》中〈阮步兵集〉題辭中道：「晉王九錫，公卿勸進，嗣宗製詞，婉而善諷，司馬孤雛人主，豺聲震怒，亦無所加，正言感人，尙愈寺人孟子之詩乎?」今人黃節認爲，「今注嗣宗詩，開篇鴻號翔鳥，徘徊傷心，視四牡之詩，翩翩者鵻，載飛載下，集於苞栩，王事靡監，我心傷悲，抑復何異？嗣宗其小雅詩人之志乎!」⑮他們主張源於《詩經・小雅》的理由是阮詩「怨而不亂」、「婉而善諷」，有類似〈小雅〉的政治批評作用。張溥、

---

⑬見黃節《阮步兵詠懷詩注》自叙。

⑭鍾嶸《詩品》。

⑮黃節《阮步兵詠懷詩注》。

黃節舉出寺人孟子「刺幽王」的「巷伯」⑯，悲王事靡的「四牡」二詩與阮詩比較，可見風格相同。鍾嶸評價阮詩「無雕蟲之功」，抒寫言近旨遠的胸懷，與〈小雅〉風格相合，此論極當。

第二種觀點主張〈詠懷詩〉源於〈離騷〉。持此論者為陳祚明（生卒不詳）、王闓運（1833－1916年）、何義門（生卒不詳）、沈德潛（1673－1769年）等人。如「（阮）公詩學自〈離騷〉」⑰，「阮公之詩，源出於〈騷〉」⑱，「其詩自〈離騷〉來」⑲。但三人都沒有指出阮詩繼承〈離騷〉的哪一方面，從形式上看，〈詠懷詩〉為成熟的五言詩，其中字句引用楚辭，但與六言為主的騷體並不相同。從意旨上看，屈原以愛國之心抒發崇高的理想，與充滿玄思，對魏晉之事憤世嫉俗的阮籍大不相同。當然，二者相似之處確實存在，如同具悽愴之懷、遊仙之思，都繼承了「依詩取興，引類比喻」的《詩經》比興傳統。合乎情理的解釋應是阮籍運用了〈離騷〉中「寄情於物」，「託物之諷」的風格，營造了類似屈原悲愴的氣氛並繼承了屈原遊仙的浪漫情懷。王闓運說：「阮詩好以香草美人迷離其旨，有騷之遺音。」⑳

第三種觀點是比較折衷的，認為阮詩對〈小雅〉、〈離騷〉皆有繼承。持此論者方東樹說㉑：

---

⑯《詩經》毛詩序載：「巷伯，刺幽王也。寺人傷於讒，故作是詩也。」
⑰陳祚明《采菽堂古詩選》。
⑱何焯《義門讀書記》。
⑲沈德潛《古詩源》。
⑳王闓運《湘綺樓全集》。
㉑方東樹《昭昧詹》。

何（義門）云：阮公源出於〈騷〉，而鍾記室以爲出於〈小雅〉，愚謂〈騷〉與〈雅〉，特文體不同耳，其憫時病俗，憂傷之情，豈有二哉！阮公之時與世，眞〈小雅〉之時與世也，其心則屈子之心也，以爲〈騷〉，以爲〈小雅〉，皆無不可，而其文之宏放高邁，沈痛幽深，則於〈騷〉、〈雅〉皆近之，鍾、何之論，皆滯見也。

此論肯定了阮詩、〈小雅〉、〈離騷〉三者同重於哀怨盡情，求阮詩與二者哪一個更相近，似無必要。

第四種觀點認爲，〈詠懷詩〉「從風格情調、技巧形式以及內容比興等各方面言，……不僅胎息於〈小雅〉，孳生於楚辭，而且深受古詩及李、蘇和曹植等漢人作品的影響」㉒。持此論者爲文化大學教授邱鎮京，北京高等學校文科教材《中國文學史》亦持此論。筆者認爲此論比較符合實際，尤其是將阮籍放在文學發展的進程中看，遠、近文學的風格、意旨、形式都會影響到他。特別是在創作的技巧上，阮籍運用了諸多古詩十九首、曹丕、曹植的〈雜詩〉當中的形式，有些句子在用詞的文義上幾乎沒有區別，如曹植的「形影忽不見，翩翩傷我心」（〈雜詩〉六之一）與阮籍的「徘徊將何見，憂思獨傷心」（〈詠懷詩〉其一）。有的全詩意境相似，如曹植雜詩之四：

南國有佳人，容華若桃李。朝遊江北岸，日夕宿湘沚。時俗薄朱顏，誰爲發皓齒。俛仰歲將暮，榮耀難久持。

㉒邱鎮京《阮籍詠懷詩研究》，文津出版社，1994年版，第125頁。

阮籍〈詠懷詩〉其十九:

> 西方有佳人，皎若白日光。被服纖羅衣，左右佩雙璜。修容耀姿美，順風振微芳。
>
> ……飄颻恍惚中，流眄顧我傍。悅懌未交接，晤言用感傷。

胡應麟先生說:「阮公起建安後，獨得遺響」，「南國有佳人等篇，嗣宗諸作之祖。」[23]

在內容方面，〈詠懷詩〉與古詩十九首及李陵（？－前74年）、蘇武（？－前60年）、曹丕、曹植等人被收在《昭明文選》卷二十九「雜詩」類，在意旨上並無兩樣，而遊仙思想也可在古詩十九首和曹植的詩中見到相似的筆意。

第二節 〈詠懷詩〉的內容剖析

對阮籍〈詠懷詩〉的內容，鍾嶸評爲「厥旨淵放，歸趣難求」[24]。後來李善（約630－689年）爲《昭明文選》作注文，引顏延年語稱其「文多隱避，百代之下，難以情測」。其後很少有人深入探討其內容的涵義，當然有許多學者將其完全與魏晉禪代那段歷史結合起來，視〈詠懷詩〉爲政治諷諭詩，陷入穿鑿附會，如唐朝繼李善之後注《昭明文選》的「五臣」皆言阮籍以詩「刺司馬文王」[25]。究其實質，〈詠懷詩〉既是阮籍抒發內心情

[23]胡應麟《詩藪內篇》卷二。

[24]鍾嶸《詩品》。

[25]陳伯君校注《阮籍集》序言部分。中華書局，1987年版，第6頁。

感的作品，又不能不帶有那個時代思想、史實的印跡。對〈詠懷詩〉依內容進行分類的有陳沆，他取其中三十八首分爲三類「悼宗國將亡十二首；刺權奸以戒後世十首；述己志、或憂時、或自勵者十六首」㉖。沈祖棻分爲六類：「今尋繹八十二篇，主題所關，大體不外六類：或爲憂國，或爲刺時，或爲思賢，或爲懼禍，或爲避世。此五點者，皆緣時世而發。五點之外，時亦慮及生命無常，爲人類超時世之永恆悲哀而詠歎」㉗。今人邱鎭京教授抱著「古今之跡雖殊，哀樂之情不異」的信條，引據史實，探索底蘊，分其爲五類：自述、諷刺、傷感、憂生、隱逸㉘。筆者尋前人之精思，結合時代之思潮暨個人主觀之體驗，將〈詠懷詩〉分爲四類——自述、諷喻、憂傷、遊仙。下面將循此分類對其內容略加剖析。

一、昭示一生心路歷程的自述詩

此類詩在詠懷八十二首中占篇數不多，但頗能反映阮籍的心路歷程。如其五：「平生少年時，輕薄好絃歌。西遊咸陽中，趙李相經過。娛樂未終極，白日忽蹉跎。驅馬忽來歸，反顧望三河。」其十五：「昔年十四五，志尙好書詩。被褐懷珠玉，顏閔相與期。……千秋萬歲後，榮名安所之。乃悟羨門子，噭噭今自嗤。」反映出作者少年時結交豪客，行樂笙歌；後年齡增長遂立志學儒，後悟生死之大旨，由入世轉爲出世。其三十九、六十一兩首更是言及年輕時不僅有儒家經世的胸懷，更有俠客行世的豪

㉖陳沆《詩比興箋》。
㉗沈祖棻《阮嗣宗詠懷詩初論》。
㉘邱鎭京《阮籍詠懷詩硏究》文津出版社，1994年版，第127頁。

氣，但晚歲閱歷既多，人生觀變化頗大，尤其受道家思想的影響，然而又本能地不願放棄人生現世的政治理想與追求，故心路歷程顯出矛盾的跡象。其七十九：「林中有奇鳥，自言是鳳凰。……適逢商風起，羽翼自摧藏。……但恨處非位，愴恨使心傷。」其六十：「儒者通六藝，立志不可干。違禮不爲動，非法不敢言。……烈烈褒貶辭，老氏用長歎。」其三十八：「……彎弓掛扶桑，長劍倚天外。……視彼莊周子，榮枯何足賴。」建功立業的儒臣名將，確曾是阮籍早年崇敬的偶像，而時世的磨難，逐漸老莊思想取代了他原來熾熱的入世情懷。其七十四：「猗歟上世士，恬淡自安貧。……咄咄榮辱事，去來味道眞。道眞信可娛，淸潔存精神。巢由抗高潔，從此適河濱。」

阮籍心路歷程轉變的原因也可從自述詩中窺見一斑。其七十六完全是個委婉地描寫所處時代環境的剖心之作：險路行車，馬的力量很快要耗盡；魚所以要深潛水底，因爲釣魚的絲線已垂得很長；鳥所以要高飛，是因爲獵人弋射的矢繳放得更長；不知收斂、妄自逞強顯能的話，有如泛舟於汪洋大海，泊留無地。與其顯達後避害求生，不如早日相忘於江湖，不入險境，保身延年。這正是阮籍由儒入老的原因。

阮籍自述詩中亦有涉及到愛慕美女的內容，這與他詩人的氣質，視禮法爲羈絆人性的枷鎖是合拍的。如其六十四：「朝出上東門，遙望首陽基。松柏鬱森沈，鸝黃相與嬉。逍遙九曲間，徘徊欲何之。念我平居時，鬱然思妖姬。」其三十七：「嘉時在今辰，零雨灑塵埃。臨路望所思，日夕復不來。」這些感情的描繪與阮籍傳記中所言的爲有才色的兵家女之死而哭；醉臥於當壚沽酒的美顏少婦身傍；嫂子回娘家時專程去送行，等等愛慕女子的純情之心是一致的（對此本書第一章專有論述）。

前面論及的十一首自述詩，加上蔣師爚（生卒不詳）認定的阮籍拜爲東平相後所作的其六十八、黃節疑爲與「求爲步兵校尉，遺落世事」有關的其七十三㉙，共十三首。對自述詩的評價，筆者認爲邱鎭京教授的表述可謂無出其右矣：「……如參以《晉書》本傳所載：『嘗登廣武，觀楚漢戰處，……於是賦豪傑詩。』等看來，可知：嗣宗本具有詩人的氣質，儒家的胸懷，和英雄的氣概。但因『天下多故』，魏晉陵替，逐漸湮沒了他的英雄氣概，抑止了他的儒家胸懷，成就了他的詩人氣質，所以，才再三吐露出『悔恨從此生』的自述詩。」㉚

二、曲折表白政治觀點的諷喻詩

阮籍對當時政治狀況不滿，但懾於殺戮的威嚴，遂把抨擊的矛頭指向禮教。因爲，禮法已被當政者所利用，成爲達成卑鄙目的之外在堂皇的儀式。〈詠懷詩〉其六十七：「洪生資制度，被服正有常。尊卑設次序，事物齊紀綱。……外厲貞素談，戶內滅芬芳。放口從衷出，復說道義方。委曲周旋儀，姿態愁我腸。」表明對禮教的厭倦，「自有託禮以文其僞、售其奸者，而禮乃爲天下患，觀此詩知嗣宗之蕩軼繩檢，有激使然，非其本也」㉛。其四十三、五十八是明顯譏諷僞善的禮法之士，王闓運、曾國藩（1811－1872年）亦持此見。阮籍還借用許多神話、典故諷喻當時的政爭，以曲折地表白自己憤懣的心緒，如其二，用二妃遊江

㉙黃節《阮步兵詠懷詩注》。
㉚邱鎭京《阮籍詠懷詩研究》文津出版社，1994年版，第134頁。
㉛陳祚明評語，參見黃節《阮步兵詠懷詩初論》。

締「金石交」諷司馬氏受託魏明帝，卻專權僭越。「二妃遊江濱，逍遙順風翔。交甫懷環珮，婉孌有芬芳。……如何金石交，一旦更離傷」。其十二更用戰國時安陵君以色受楚恭王寵言，龍陽君以色事魏王的故事，來諷喻司馬氏蒙厚恩於魏，卻不及安陵、龍陽這樣的以色事主之人尙有忠心，反而將行篡奪皇位。阮籍又喟歎交友不易，人情難測，其六十九：「人知結交易，交友誠獨難。險路多疑惑，明珠未可干。彼求饗太牢，我欲并一餐。損益生怨毒，咄咄復何言。」因爲利益而生結怨恨的朋友們，你們曾喋喋不休地彼此信誓旦旦，現在還有什麼可說的。

阮籍還以〈詠懷詩〉寓魏高貴鄉公曹髦（？－260年）被弒之事，其五十六中可見司馬昭命成濟（？－260年）兄弟殺曹髦，又殺成濟兄弟：「婉孌佞邪子，隨利來相欺。孤恩損惠施，但爲讒夫嗤。鶺鴒鳴雲中，載飛靡所期。焉知傾側士，一旦不可持。」其十三中更以「李公悲東門，蘇子狹三河」來喻追隨司馬氏群臣好像是卑視周王室的蘇秦、助秦爲虐的李斯，到頭來沒有好的下場。其五十一則用含蓄的筆法譏諷司馬氏家族：「丹心失恩澤，重德喪所宜。善言焉可長，慈惠未易施。不見南飛燕，羽翼正差池。高子怨親詩，三子悼乖離。何爲混沌氏，倏忽體貌隳。」此中將文帝、明帝託孤司馬氏、司馬昭弒君、假義葬以王禮等一一點出。

當然，阮籍對政治的厭惡也表現在以詩諷曹魏皇室的腐敗。其三十一：「駕言發魏都，南向望吹臺。簫管有遺音，梁王安在哉？戰士食糟糠，賢者處蒿萊。歌舞曲未終，秦兵已復來。」其五十三：「如何夸毗子，作色懷驕腸。乘軒驅良馬，憑几向膏粱。被服纖羅衣，深榭設閑房。不見日夕華，翩翩飛路傍。」其五十二:「千歲猶崇朝,一餐聊自己。是非得失間,焉足相譏理。計利知術窮,哀情遽能止。」

類似上述的政治諷喻詩,在〈詠懷詩〉中占近五分之一,大致包括其二、十二、十三、三十一、四十三、五十一、五十二、五十三、五十六、五十八、六十七、六十九、七十一、七十二,另有「閔念明帝不善用其明」之其二十九,及「一朝再三榮」的其七十五,共計十六首。這些諷喻詩有些並不能牽強附會地理解爲針對某人某事,但它們確實是諷喻阮籍所處時代的險惡多變的政治生態,許多地方是一詩寓多事,數詩諷喻一事且延牽多人。時世危厄,終得用曲筆也。

三、感傷時世、慨嘆人生的憂傷詩

這類詩有兩個角度,一是悼傷時世與他人,所謂「悼人」;二是嘆悼自己,高揚生命的意識,所謂「悼己」。這是個時代的大氛圍問題,本書第三章專有論及,此不贅述。悼人悼己實質上是對萬物流變的一種莫可奈何的凝視;是對往日情懷的一種期待靜止、永存的悵望;是渴望生命中曾經歷過的美好瞬間亙古持續,永不消失。然而,知生命的可貴,方能體驗生命於現世中成長、衰亡的酸楚。阮籍〈詠懷詩〉中的憂傷詩就是這種大時代與小自我交織在一起的眞實寫照。這類詩共計三十三首。

其十八:「懸車在西南,羲和將欲傾。流光耀四海,忽忽至夕冥。朝爲咸池暉,濛汜受其榮。豈知窮達士,一死不再生。視彼桃李花,誰能久熒熒。君子在何許,歎息未合並。瞻仰景山松,可以慰我情。」其二十:「楊朱泣歧路,墨子悲染絲。揖讓長離別,飄颻難與期。豈徒燕婉情,存亡誠有之。蕭索人所悲,禍釁不可辭。」其六十六：「……持瓜思東陵，黃雀誠獨羞。失勢在須臾，帶劍上吾丘。悼彼桑林子，涕下自交流。假乘汧渭間，鞍馬去行遊。」其三：「嘉樹下成蹊，東園桃與李。秋風吹飛藿，零落從此始。繁華有憔悴，堂上生荆杞。驅馬舍之去，去上西山趾。一身不自保，何況戀妻子？凝霜被野草，歲暮亦云已。」其七、其九、其十六有句「忉怛莫我知」、「悽愴傷我心」、「俛仰懷哀傷」，都是哀傷時世之艱難，政爭中魏室、友人的亡故。更有明確悼當時的高貴鄉公曹髦的其六十五、五十五，悼正始諸臣的其十一、其八十，尤其是悼友人嵇康的其六十二㉜，甚爲難得：「平晝整衣冠，思見客與賓。賓客者誰子，倏忽若飛塵。裳衣佩雲氣，言語究靈神，須臾相背棄，何時見斯人。」

悼人終至悼己，這已經提昇到了另一境界，不是去怨恨使友人亡逝的時世，而是哀歎人生的短暫，萬物的無常。這是主體莫名其狀的憂傷。如其一：「夜中不能寐，起坐彈鳴琴。薄帷鑒明月，清風吹我襟。孤鴻號外野，翔鳥鳴北林。徘徊將何見，憂思獨傷心。」其四：「……春秋非有託，富貴焉常保。……朝爲美少年，夕暮成醜老。」其十四：「感物懷殷憂，悄悄令心悲。」其十七：「日暮思親友，晤言用自寫。」其二十二：「存亡從變化，日月有浮沈。」其二十五：「勢路有窮達，咨嗟安可長。」其三十四：「愁苦在一時，高行傷微身。」其四十八：「死生自然理，消散何繽紛。」其五十四：「一餐度萬世，千歲再浮沈。誰言玉石同，淚下不可禁。」其六十三：「多慮令志散，寂寞使心憂。翱翔觀彼澤，撫劍登輕舟。但願長閑暇，後歲復來遊。」其四十五：「樂極

㉜黃節注引曾國藩語：「此首或指孫登、嵇康之流。」參見黃節《阮步兵詠懷詩注》。

消靈神，哀深傷人情。竟知憂無益，豈若歸太清。」其二十四：「殷憂令志結，怵惕常若驚。」以上這些詩句當中感覺不到有任何的怨憤世濁與時世的不公平，而完全是一種憂生命之短暫無常的悵然若失的境界。憂傷至極悼人悼己悲懼交集的代表作當推其三十三，這可說是名垂千古的哀生之作：

> 一日復一夕，一夕復一朝。顏色改平常，精神自損消。胸中懷湯火，變化故相招。萬事無窮極，知謀苦不饒。但恐須臾間，魂氣隨風飄。終日履薄冰，誰知我心焦。

四、受玄學思潮影響，清遠恬淡的遊仙詩

遊仙詩的形成是在建安時代曹氏父子手中實現的，在此之前的漢樂府詩雖有遊仙體裁，然未成正格。阮籍的〈詠懷詩〉中，涉及遊仙內容的有二十七首。劉勰說：「乃正始明道，詩雜仙心；何晏之徒，率多浮淺。唯嵇志清峻，阮旨遙深，故能標焉。」㉝阮籍作遊仙詩是在憂生之歎和對世事含蓄指責之外，自己營造一種超凡脫俗境界，在道家理想的仙境中解除現實的痛苦。如其二十三：「東南有射山，汾水出其陽。六龍服氣與，雲蓋覆天綱。仙者四五人，逍遙宴蘭芳。寢息一純和，呼噏成露霜。沐浴丹淵中，炤耀日月光。豈安通靈臺，游瀁去高翔。」其三十六，玄遠的遊仙風格更明顯，通過「臨堂」、「華樹」、「飛鳥」構成幽遠的境界，又以「悠悠」、「無形」、「倏忽」、「冥」這四

㉝劉勰《文心雕龍·明詩》。

個玄學術語營造沖虛恬淡的玄學氛圍。

阮籍並非相信人長生不老，他不熱衷服藥成仙等修煉之事，他追求的仙界是退而求隱的境界，是尋求玄學的理想精神境界，即宇宙與我合一的「仙境」。其四十二：「……陰陽有舛錯，日月不常融。天時有否泰，人事多盈沖。園綺遯南嶽，伯陽隱西戎。保眞念道眞，寵耀焉足崇？人誰不善始，鮮能克厥終。休哉上世士，萬載垂淸風。」阮籍在遊仙詩中有許多仙境的具體景象之描繪，如其十：「焉見王子喬，乘雲翔鄧林。」其二十四：「三芝延瀛洲，遠遊可長生。」其三十五：「濯發暘谷濱，遠遊崑岳傍。」其四十五：「竟知憂無益，豈若歸太淸。」等等。其中「鄧林」、「崑嶽」、「太淸」都是道教的仙境，但阮籍詩中與道教的仙境有本質的區別，他是指玄學理想的精神境界——萬物與我合一的「道」的境界。如其四十五：

> 幽蘭不可佩，朱草爲誰榮？修竹隱山陰，射干臨增城。葛藟延幽谷，綿綿瓜瓞生。樂極消靈神，哀深傷人情。竟知憂無益，豈若歸太清。

可見，阮籍之遊仙詩所言「升仙」實際上是歸隱。

阮籍〈詠懷詩〉中的遊仙內容集中反映了他的玄學思想，可以說，他的遊仙詩是玄理化了的遊仙詩。可以從四個面向來探究。

其一，直接在詩中使用《周易》、《老子》、《莊子》等玄學經典中的句子。如其四十：「混元生兩儀，四象運衡璣。」

其二，運用當時流行的玄學術語。如其五十：「誰云君子賢，明達安可能。」「明達」就是玄學用語，意思同於阮籍〈通老論〉中的「明於天人之理，達於自然之分。」如其七十四：「咄嗟榮辱事，去來味道眞。道眞信可娛，淸潔存精神。」其中「道眞」也是玄學術語，其四十二也引用：「保身念道眞，寵耀焉足崇。」

其三，大量徵引《老》《莊》之典。如其三十二：「願登太華山，上與松子遊。漁父知世患，乘流泛輕舟。」引自《莊子·漁父》。又如其二十三中的「射山」、「天罔」、「靈臺」也引自《老》《莊》典籍。

其四，將主觀對「道」之境界的理解以形象化的詩歌語言表現出來。如其三十六：「誰言萬事難，逍遙可終生。……徬徨思親友，倏忽復至冥。」「冥」被阮籍用來描繪「道」的境界，他在〈淸思賦〉中也有「飄颻恍惚，則洞幽貫冥」句。「幽」、「冥」都是得「道」的境界。

阮籍的遊仙詩並未全脫人世的感情，他求隱難隱之苦痛也在詩中反映出來。如其七十：「有悲則有情，無悲亦無思。苟非嬰網罟，何必萬里畿?」其二十八：「繫累名利場，駑駿同一輈。豈若遺耳目，升遐去殷憂。」其五十七：「離麾玉山下，遺棄毀與譽。」其十九：「寄顏雲霄間，揮袖凌虛翔。」其四十九：「高鳥摩天飛，凌雲共遊嬉。」

將阮籍〈詠懷詩〉分爲上面四大類，並非是絕對的劃分，許多詩中不僅有諷喩的內容，也有傷感的成分，間或有遊仙的詞句。創作是複雜的心理過程，筆者僅以阮詩中的各篇主調爲分析內容的憑藉，意在剖析詩人內心體驗與詩的關係。

第三節　〈詠懷詩〉的地位及對後世詩人的影響

正如胡適（1891－1962年）先生在《白話文學史》[34]中所說:「五言詩的創作，始於漢代無名詩人的歌謠。」東漢史學家班固（32－92年）曾作〈詠史〉五言，讚緹縈救父之事，這種詩的形式始得文人肯定，但仍視爲純粹記史之言，鍾嶸評之爲:「東京二百載中，惟有班固〈詠史〉，質木無文。」[35]東漢著名的五言詩有張衡（78－139年）〈同聲歌〉，秦嘉（生卒不詳）〈贈婦詩〉，趙壹（生卒不詳）〈疾邪詩〉，蔡邕（132－192年）〈飲馬長城窟〉等。建安年曹氏父子及建安文人結合慷慨多氣的時風，用五言充分表達個人的志向和人生的苦樂。而阮籍則把五言〈詠懷詩〉與整個時代的氛圍、個人的遭際、哲學流變、藝術的魅力融合一體，把五言詩的創作推到一個高峰。章江先生說:「阮籍是建安以來全力創作五言詩的詩人，五言詩到了建安時代已經非常成熟，尤其經過曹植、劉楨、王粲等人的致力寫作，不僅擴大了五言詩的範圍，也錘鍊了詩的語言，奠定了穩固的基礎。迨阮籍的八十二首五言詠懷出，五言詩的地位就更加確定了。」[36]

一、〈詠懷詩〉於詩史發展史上的特殊地位

邱鎮京教授是研究阮籍〈詠懷詩〉的專家，他從三個方面給

---

[34]胡適《白話文學史》，啓明出版社，第51頁。
[35]鍾嶸《詩品》。
[36]章江《魏晉南北朝文學家》，大江出版社，1971年版。

阮詩以高度的評價㊲。其一，在創作的數量上是建安以來第一位多產作家。在他之前，曹植七十一首，曹丕十九首，王粲十五首，劉楨十四首，應璩十三首，阮瑀十二首，嵇康九首，曹操七首，應瑒五首，都難以在量上與他相比。其二，在詩風的轉變上，阮籍是建安以後，使五言詩脫離民歌風格的關鍵人物。建安詩人的共同特徵是受樂府民歌的影響，並且都或多或少地有樂府創作。如詞采華麗的曹植，在七十一首五言詩中，便有三十三首列在樂府詩內，其中〈泰山梁甫行〉是樂府〈東門行〉、〈婦病行〉等詩意的實質表現；〈美女〉前半部分摹倣〈陌上桑〉的表現手法，其他如〈白馬〉、〈野田黃雀行〉、〈門有萬里客行〉也屬於樂府民歌的風格。而阮籍則不依傍他人，「他把五言從民歌性質的陣營裏拉出來，重新建立了一座古色古香的堡壘」㊳。他純粹以自身的強烈孤獨感，結合時代精神，以非凡的才華開創新的詩風，「把眼光放得很遠很大了，詩的天地開了」㊴。其三，在技巧方面，阮籍是建安詩歌逐漸走向太康時代詩歌輕綺柔靡過程中，以沖淡的筆法力挽狂瀾的人物。建安詩人自曹植、王粲起便有了重辭采華美、文學琢飾的痕跡，如曹植的「凝霜依玉除，清風飄飛閣」（〈贈丁儀〉），「秋蘭被長坡，朱華冒綠池」（〈公讌〉）；王粲的「山岡有餘映，巖阿增重陰」（〈七哀詩〉之二），「曲池揚素波，列樹敷丹榮」（〈雜詩〉）。這些都刻意表現了形式的對仗與詞藻的華飾，由此一脈相承的是後來的太康年間，終致一片詩界風華有餘，骨力不濟的現象。阮籍

㊲邱鎮京《阮籍詠懷詩研究》，文津出版社，1994年版，第224頁。

㊳易君左《中國文學史》，華聯出版社。

㊴同㊳。

在兩個時代之間，他未受琢飾之風的影響，以渾樸的字句，獨步當世，試看「獨坐空堂上，誰可與親者？出門臨永路，不見行車馬。登高望九洲，悠悠分曠野。孤鳥西北飛，離獸東南下。日暮思親友，晤言用自寫。」(〈詠懷詩〉其十七)又如：「殷憂令志結，怵惕常若驚。逍遙未終宴，朱陽忽西傾。蟋蟀在戶牖，蟪蛄號中庭。心腸未相好，誰云亮我情。願爲雲間鳥，千里一哀鳴。三芝延瀛洲，遠遊可長生。」(其二十四)此詩起勢蒼勁哀涼，中段曲折哀傷，結尾平淡恬靜，沒有任何琢雕，完全憑藉人生的歷達與玄遠高深的思想。阮籍恣肆的才華也決定〈詠懷詩〉多變的筆法與風格。如其三十八：「炎光延萬里」、三十九：「壯士何慷慨」描寫雄偉的抱負；其二：「二妃遊江濱」、三十七：「嘉時在今辰」描寫綺旎情愛；其六十二：「平晝整衣冠」、七十七：「咄嗟行至老」傷懷摯友；其六：「昔聞東陵瓜」、四十六：「鷽鳩飛桑楡」申揚老莊本趣。這些都以平淡質樸的文字，以情感的流瀉一氣呵成，恰如天馬行空。劉勰評論道：「嗣宗俶儻，故響逸而調遠。」❹⓪鍾嶸道：「詠懷之作，可以陶性靈，發幽思。言在耳目之內，情寄八荒之表。洋洋會於風雅，使人忘其鄙近，自致遠大。頗多感慨之詞。」❹①王世貞(1526－1590年)道：「阮公詠懷，遠近之間，遇境即際，遇窮即止，坐不著論，宗佳耳。」❹②王夫之(1619－1692年)道：「步兵詠懷，自是曠代絕作，……以高朗之懷，脫穎之氣，取神似於離合之間，大要如晴雲出岫，舒卷無定質。而當其有所不及，則弘忍之力，內視荊聶

---

❹⓪劉勰《文心雕龍·體性》。
❹①鍾嶸《詩品》。
❹②王世貞《藝苑卮言》卷三。

矣。且其託體之妙，或以自安，或以自悼，或標物外之旨，或寄疾邪之思；意固徑庭，而言皆一致，信其但然而又不徒然，疑其必然而彼固不然。不但當時雄猜之渠長，無可施其怨忌，且使千秋以還了無覓腳跟處。」㊸邱鎭京教授之評價甚爲公正：「稱得上千古逸音之正宗，在中國詩歌史上，其本身便具有不可忽視的地位與價值。」㊹

二、〈詠懷詩〉對後世詩人作品的各種影響

第一，後代詩人仿效詠懷筆法，現可以《全漢三國兩晉南北朝詩》所載詩篇爲參照，其中支遁五首、另有述懷詩二首；史宗一首㊺；吳均（469－520年）二首㊻；張君祖（生卒不詳）三首㊼；庾信（513－581年）二十七首㊽。直接摹擬阮籍〈詠懷詩〉的有，鮑照（約414－466年）〈擬阮公夜中不能寐〉一首；王素（生卒不詳）〈學阮步兵體〉一首㊾；江淹（444－505年）〈阮步兵籍詠懷〉一首，另〈效阮公詩十五首〉㊿；張正見（生卒不詳）〈薄帷鑒明月〉一首；江聰（生卒不詳）〈侍宴賦得起坐彈鳴琴〉一首51。唐代之後詩人衆多，作品浩瀚，其中以詠懷爲題寫作或仿效阮籍詩者不勝枚舉。

㊸王夫之《古詩評選》卷四。

㊹邱鎭京《阮籍詠懷詩研究》，文津出版社，1994年版，第227頁。

㊺《全晉詩》卷七，見《全漢三國兩晉南北朝詩》。

㊻《全梁詩》卷八，書同㊺。

㊼《全陳詩》卷四，書同㊺。

㊽《全北周詩》卷二，書同㊺。

㊾《全宋詩》卷四、卷五，書同㊺。

㊿《全梁詩》卷五，書同㊺。

51《全陳詩》卷二、卷三，書同㊺。

第二，明顯受阮籍影響的歷代詩人，本章第二節筆者將阮詩循內容主旨分爲四類，但若以詩人創作的情緒與情境來講，可按古人之說分爲二類：即鍾嶸所言「歸趣難求」52與沈德潛所言「興寄無端」53，而兩者同趨的大旨又可歸納爲「憂生之嗟」54。「憂生之嗟」完全是歷史時代之環境所致，有什麼樣的時代就會有什麼樣的詩人，正所謂「遭阮公之時，自應有阮公之詩也」55。這樣看來，後世詩人若有遭類似阮籍境遇者，自然就會在很大程度上與阮籍〈詠懷詩〉有同感共鳴，自然在自己的創作中運用阮詩的「隱僻遙深」56的風格。

明顯受阮籍影響的後代詩人包括：東晉遊仙詩人郭璞（276－324年）；東晉田園詩人陶潛；初唐隱逸詩人王績（585－644年）；初唐風骨詩人陳子昂（661－702年）；中唐詩人張九齡（678－740年）；中唐浪漫詩人李白。下面簡析一二：

郭璞（276－324年），傳詩二十二首，其中遊仙詩十四首，借詠神仙以歌詠隱遁，又富於詠懷，如遊仙詩第一首中「朱門何足榮？未若託蓬萊。」，「靈谿可潛盤，安事登雲梯。」與阮詩「時路烏足爭？太極可翱翔。」（其三十五）「布衣可終身，寵辱豈足賴?」（其六），在句法、意義上如出一轍。又如遊仙詩第三首描寫神仙的風儀、居所，與阮詩其二十三、七十八非常相似。

陶潛（365－427年），與阮籍所處時代特徵、個人遭際非常

52鍾嶸《詩品》。
53沈德潛《古詩源》卷六。
54顏延之、沈約語，《昭明文選》李善注引。
55沈德潛《說詩晬語》。
56邱鎮京語，見《阮籍詠懷詩研究》，文津出版社，1994年版，第229頁。

近似，他始終有回歸自然，倘佯田園的期盼，他的詩存留四卷，四言三十九首、五言一百十六首。其中多有與阮詩相似之作，〈擬古〉其九：「種桑長江邊，三年望當採。枝條始欲茂，忽值山河改。柯葉自摧折，根株浮滄海。春蠶既無食，寒衣欲誰待，本不植高原，今日復何悔。」〈擬古〉其四在作法上與阮詩「登高望四野」（其十三）也類似。〈飲酒〉詩更在句法、用事和設境方面與〈詠懷詩〉酷似。

王績（585－644年），平生嗜酒，故在留存的五十餘首詩中可見到對阮籍、陶潛的崇慕之意。他的行爲上常摹仿阮籍，閉門讀書、登山臨水、流連酒肆。在詩作上極具遁世的情調，〈古意〉詩六首受阮詩影響很大，之一：「幽人在何所？紫巖有仙躅，月下橫寶琴，此外將安欲?」似阮詩其一：「夜中不能寐，起坐彈鳴琴。」〈古意〉之二：「寧知軒轅後，更有伶倫出。刀斧俄見尋，根株坐相失。」之三：「漁人遞往還，網罟相縈藟，一朝失運會，刳腸血流死。」之四：「風驚西北枝，雹隕東南節，不知歲月久，稍覺枝幹折。」之五：「桂樹何蒼蒼，秋來花更芳。自言歲寒性，不知露與霜。」之六：「彩鳳欲將歸，提羅出郊訪。羅張大澤已，鳳入重雲颺。」這些詩與阮籍「昔聞東陵瓜」（其六），「木槿榮丘墓」（其七十一）詩意相同。

陳子昂（661－702年），一生坎坷與阮籍相似，詩追「漢魏風骨」，以阮籍爲宗「正始之音，復睹於茲」[57]，「斐然狂簡，雖有勞人之歌；悵然詠懷，曾無阮籍之思」[58]。他的代表詩作是三十八首感物抒懷的〈感遇〉詩，其中不少與阮籍〈詠懷詩〉同

---

[57]陳子昂〈修竹篇序〉。

[58]陳子昂〈上薛令文章啓〉。

具「詞句隱僻」、「意旨難求」的特色，僧皎然說：「子昂感遇，其源出於阮公〈詠懷〉。」59，胡應麟（1551－1602年）說：「子昂感遇，盡削浮靡，一振古雅，唐初自是傑出。蓋魏晉之後，惟此尚有步兵餘韻。」60如〈感遇〉其二十五：「西馳丁零塞，北上單于臺。登山見千里，懷古心悠哉！誰言未忘禍，磨滅成塵埃。」〈薊丘覽古〉其二：「南登碣石館，遙望黃金臺。邱陵盡喬木，昭王安在哉！霸圖悵已矣，驅馬復歸來。」可說與阮詩其三十一極爲相似。

張九齡（678－740年），有集二十卷，以〈感遇詩〉十二首爲代表。其〈敘懷〉之一前四句就可見阮詩其十五的影子：「弱歲讀群史，抗節追古人。被褐有懷玉，佩印從負薪。」〈感遇〉之四：「孤鴻海上來，池潢不敢顧。側見雙翠鳥，巢在三株樹。……今我遊冥冥，弋者何所慕。」這與阮詩其四十三：「鴻鵠相隨飛，飛飛適荒裔。雙翮凌長風，須臾萬里逝。朝餐琅玕實，夕宿丹山際。抗身青雲中，網羅孰能制？豈與鄉曲士，攜手共言誓」情調旨趣皆同。張九齡也如阮籍一樣仿效騷體詩比興手法，常以草木禽鳥爲喻，託物言志，這點他與陳子昂是有區別的。如〈感遇詩〉其七：「江南有丹菊，經冬猶綠林。豈伊地氣暖？自有歲寒心。」高步瀛在《唐宋詩舉要》開篇講道：「陳伯玉感遇之作，復見建安、正始之風，張子壽繼起，塗軌益闢。」

李白（701－762年），傳世的一千一百首詩中有〈古風〉五十九首「與陳子昂感遇之作，筆力相上下」61，也屬〈詠懷詩〉

59《詩藪內篇》卷二。

60同59。

61高步瀛《唐宋詩舉要》，世界出版社，第25頁。

類。如〈古風〉其九取用阮詩其六「昔聞東陵瓜」的典故，申揚老莊玄思：「莊周夢蝴蝶，蝴蝶爲莊周；一體更變易，萬事良悠悠。乃知蓬萊水，復作淸淺流，靑門種瓜人，舊日東陵侯，富貴固如此，營營復何求?」〈古風〉其二十三：「人生鳥過目，胡乃自結束。景公一何愚，牛山淚相續。」與阮詩其三十二意思相同：「人生若塵露，天道竟悠悠。齊景升丘山，涕泗紛交流。」〈古風〉其五十八：「神女去已久，襄王安在哉？荒淫竟淪沒，樵牧徒悲哀。」是阮籍〈詠懷詩〉其三十一的摹倣：「簫管有遺音，梁王安在哉？軍敗華陽下，身竟爲土灰。」〈古風〉其五十九：「惻惻泣路歧，哀哀悲染絲。路歧有南北，素絲易變移。」可以說是對阮籍〈詠懷詩〉其二十的改寫：「楊朱泣歧路，墨子悲染絲。揖讓長離別，飄颻難與期。」此外，李白〈古風〉詩中運用的諸多詞藻皆直接取於阮籍的〈詠懷詩〉。至於其精神意旨的繼承，前人多有高論，試列一二：「太白古風，其篇富於子昂之〈感遇〉，儉於嗣宗之〈詠懷〉，其抒發性靈，寄託規諷，實相源流也。」[62]，「太白詩縱橫馳騁，獨〈古風〉二卷，不矜才，不使氣，原本阮公，風格俊上。」[63]，「太白妙處全在逸氣橫出，其五言古詩從曹、阮二家變出，並不規撫小謝（謝靈運385－433年），亦非踵武伯玉（陳子昂）」[64]。阮詩的文學影響於李白〈古風〉詩中可見其深遠、至大。

---

[62]胡震亨語，見王琦注《李太白全集》卷二。

[63]沈德潛《說詩晬語》。

[64]李沂《秋星閣詩話》。

第十章　阮籍對後世的影響及其歷史地位

第一節　阮籍之後的玄風

阮籍在正始年間曾抱著極大的學術熱情參與玄學各種問題的討論。高平陵之變，正始玄音消逝了，「玄理派諸人大都被才性名理派聯合世族固守孔孟禮法的『名教勢力』殺戮迫害。稍遠於政治漩渦的玄理派名士，雖爲避禍而曠遊於竹林，但因身世、性格、氣質、政治傾向不同最終走出竹林，竹林之風竟各顯異質」❶。阮籍、嵇康承何晏、王弼玄理派之餘緒，鑒於世事之險惡，把莊子思想提於老子之前，公開宣稱「非湯武而薄周孔」，「越名教而任自然」，並以異乎常禮的怪異行爲表達對司馬氏以「名教」殺戮名士的不滿。阮籍注重莊子之說，以玄理爲全身之掩護，形成與才性名理、玄理不同的一派，依其特殊的行爲旨趣可稱之爲「放達派」。劉伶（生卒不詳）、阮咸（生卒不詳）可算此派中人。嵇康剛強，嫉惡如仇，尚俠任氣，對司馬氏的「名教」更是在言行上不屑一顧，他與阮籍素有交遊，甚至被

---

❶辛旗《中國歷代思想史·魏晉南北朝隋唐卷》，文津出版社，1993年版，第45頁。

一些學者認為倆人有同性戀的傾向❷。劉義慶（402－444年）所編撰的《世說新語》卷十九〈賢媛〉有一段涉及嵇康、阮籍與山濤關係的文字：

> 山公與嵇、阮一面，契若金蘭。山妻韓氏，覺公與二人異於常交，問公。公曰：我當年可以爲友者，唯此二人耳！妻曰：負羈之妻亦親觀狐、趙，意欲窺之，可乎？他日，二人來，妻勸公止之宿，具酒肉。夜穿墉以視之，達旦忘反。公入曰：二人何如？妻曰：君才殊不如，正當以識度相友耳。公曰：伊輩亦常以我度爲勝。

嵇康談老莊玄論之外，兼論名理，與才性名理派中附依司馬氏的鍾會發生直接衝突，「鍾士季（會）精有才理，先不識嵇康。鍾要於時賢儁之士俱往尋康。康方大樹下鍛，向子期（秀）爲佐鼓排，康揚搥不輟，傍若無人，移時不受一言。鍾起去，康曰：『何所聞而來，何所見而去？』鍾曰：『聞所聞而來，見所見而去。』」❸。山濤（205－283年）、向秀（227－272年）、王戎（234－305年），早年均爲崇尚自然之風的名士，後因政治形勢之劇變，懾於司馬氏的威逼利誘，到「名教」之「樂地」去「任自然」了。山濤於竹林隱身之際已有待價而沽的意思，還曾譏諷妻子將來能否配當三公夫人❹。向秀深諳「內聖外王之

---

❷高羅佩《中國古代的性與社會》，風雲時代出版社， 1994年版，第128頁。

❸《世說新語·簡傲》。

❹《晉書·山濤傳》。

道」，注《莊子》實爲晉身之階，他後來講「儒道爲一」❺，是勸司馬氏政權容忍名士以鞏固地位的一種策略。王戎少年時聰穎異常，極爲阮籍欣賞，友之忘年，後因其家族有人是司馬氏政權的功臣，連帶走出竹林隱地而入仕途。他在儒、道問題上左右逢源，把「才性名理派」的辯才全部用在如何表現現世韜晦上。阮籍在世之際，竹林玄風即見分野，唯一未變的仍是各自尋找出路時仍然堅持著他們竹林之遊時的行爲放達。

阮籍死後，司馬建晉，大多數玄學後繼者已完全喪失了前期玄學（太和之辯、正始之音、竹林之風）諸人爲探究事理或匡扶社會公義的責任感。一味地爲「玄」而玄，爲「放」而放，追求一種顯世浮名的象徵意向。西晉元康年間，玄學主流竟形成理論上玄虛（如《莊子》郭象注、《列子》張湛注），實踐上放浪。如山簡（253－312年）、阮瞻（生卒不詳）、阮脩（生卒不詳）、王澄（生卒不詳）、謝鯤（？－412年）、胡毋輔（生卒不詳）等人，他們將《莊子》的理論與系統化的方術雜混在一起，用生死氣化、夢覺等情、任而不養做爲其肆情縱欲、放浪不羈的理論依據。王隱《晉書》中載：「魏末，阮籍嗜酒荒放，露頭散髮，裸袒箕踞。其後，貴游子弟阮瞻、王澄、謝鯤、胡毋輔之徒皆祖述於籍，謂得大道之本。故去巾幘，露醜惡，同禽獸。甚者名之爲通，次者名之爲達。」❻東晉戴逵曾著論譏諷他們爲「竹林之放有疾而爲顰者也；元康之放，無德而折巾者也」❼。在朝爲官者也將玄理與名理融合，清談浮誕竟成爲擢居高官的必

---

❺謝靈運〈辨宗論〉。
❻《世說新語·德行》注引王隱《晉書》。
❼《晉書》卷九十四，〈戴逵傳〉。

要條件。這種在朝浮誕、在野放浪相互唱和，雖有裴頠著〈崇有論〉力挽頹勢，終不敵吏治普遍荒廢，不久「八王之亂」起，西晉的國家體制崩解，被群起的周邊少數民族滅掉。

東晉於江南建朝後，放浪之風稍見收斂。東晉玄學本該因西晉滅亡殷鑒不遠而漸次衰落，然而隨五胡鐵騎，佛教自西域源源流至中原，「佛理之傳播無形中爲玄學清談注入新的興奮劑」❽。於是，玄學又平添了與佛學相互唱和，標新立異的風格，慧解名理，行爲飄逸爲一時之尙，實可稱之爲「東晉之逸」。晉簡文帝實際主政的二十餘年（345－372年）是東晉玄學極盛的時期。玄學名士眞可謂義理、名理、玄理交融，儒、釋、道三家雜陳。前有殷浩（？－356年）、王濛（生卒不詳）、孫盛（約306－378年）、支遁（314－366年）諸人；後有韓伯（332－380年）、許詢（生卒不詳）、殷仲堪（？－399年）之輩。他們在簡文帝的倡導下，展開了持續二十年的玄學大討論。早在簡文帝爲會稽王時，孫盛與殷浩同論「易象妙於見形」，王濛、謝尙（生卒不詳）也來參與。孫盛擅長名理，曾著〈老聃非大賢論〉、〈老子疑問反訊〉二文，他辯術強勁，無人能敵，會稽王派人請來劉惔（生卒不詳）以二百語便駁倒了孫盛。不久，殷浩與僧人支遁論才性，竟使支遁不知不覺進入玄理無法自拔。後來支遁於學佛理之外，研究《莊子》，對其中〈逍遙遊〉一篇標新立異，用佛義來解釋，稱「逍遙」之境界非玄學所能達到，只有深刻體驗佛理之「空觀」方能實現。

支遁所發出的奇響，使玄學諸人發現佛理的抽象思辨不亞於

---

❽辛旗《中國歷代思想史·魏晉南北朝隋唐卷》，文津出版社，1993年版，第48頁。

玄理，遂開始注意佛經，兼談佛理。其後，如許詢、韓伯等玄學名士，深感佛學有立教傳經之優勢，玄學漸不匹敵，於是也希望玄學抽象化、系統化、概念化，並試圖爲玄學立經，如作成〈黑麈尾銘〉、〈白麈尾銘〉，稱《老子》爲《道德經》等。這些舉措有立教之意，可以說爲後世中土道教的眞正確立開啓了理論先河。佛教迅速傳入中土、佛學理論全面地翻譯並借助玄學的概念是對玄學致命的打擊，後起的「格義之學」❾（指用中國傳統的哲學概念和玄學、名理學術語，解釋和翻譯佛經）及「六家七宗」❿之說完全涵蓋了玄學中的主要意旨，玄學的根基——老莊之說也成了佛學的注腳。佛學一個「空」的概念，使老莊「無」、「玄」、「神」等概念黯然失色。東晉以降，玄學再也不復昔日顯學的風範，逐漸地衰落下去。

第二節　歷代對阮籍的評價

後世對阮籍的評價主要是把他看作一個文學家，而非思想家，直到近代重視魏晉玄學在思想史上的意義，才逐漸有人開始研究阮籍和竹林名士那些情感化的行爲背後的寓意，以及那些文學作品中蘊含的哲學思想。長期以來，阮籍的文論、詩賦都被作爲文學作品來看待，明代張溥曾在《漢魏六朝百三家集題辭注》中講到阮籍的〈樂論〉勝過司馬遷的〈樂論〉，但這點超出文學的評析也未深入到抽象的哲學層面。阮籍的思想大體是通過他的

---

❾辛旗《中國歷代思想史·魏晉南北朝隋唐卷》第四章，〈魏晉佛學〉，文津出版社，1994年版，第147頁。

❿同❾。

一小部分文論和很大部分的文賦詩歌等文學作品對後世產生影響的。

歷代關於阮籍的文學成就和特殊地位評價的不少，但能直指其本質的，當首推南朝梁時的鍾嶸。他在《詩品》中對阮籍的詩評價道：

> 可以陶性靈，發幽思。言在耳目之內，情寄八荒之表。洋洋乎會於風雅，使人忘其鄙近，自致遠大，頗多感慨之詞。厥旨淵放，歸趣難求。

明代開始對阮籍的文學作品和思想全面地評價，而在此之前留下來的大都是支言片語。張溥對阮籍思想方面的評價很有見地：「嗣宗論《樂》，史遷不如。〈通易〉、〈達莊〉，則王弼、郭象二注皆其環內也。」⓫明代出版的阮籍集各種版本都有一些名家的序跋，於中可見對阮籍的評價。如明天啓年靳於中（生卒不詳）叙曰：

> ……余嘗橫覽古今，評先生其逍遙似蒙叟，其韜晦似子房，其詼達似方朔，其眞率似淵明，而生平出處心跡尤肖楚靈均。唯是靈均憤世之皆醉己獨醒，先生憤世之不醒己獨醉。醒者愁愁，故以上官爲怪鳥而湛魚腹，醉者忘忘，故以司馬爲海鷗而遂鴻冥，要其憂君爲國之心則一爾。且靈均以憂思發之〈離騷〉，先生以天籟鳴之詩賦，其嚼然

⓫張溥《漢魏六朝百三家集題辭注》。

並揭日月而行也，又奚以異！故至人至文誠非耳食者所解也。

明天啓年尉氏縣令及朴叙曰：

……古今人知嗣宗酒十九，知嗣宗詩十三，俗翁孺喜傳酒，非學士輩不傳詩也，乃未有深知其文者。……再三諷味，然後知其論《易》深《易》，論《莊》深《莊》，論《樂》深《樂》，至賦稟於〈騷〉，詩又〈騷〉之餘肉。……禮法士不希嘗而佐　乎。惟胸有《老》、《易》、《莊》、〈騷〉而後能澆以酒，並使人意消。綜博之用而概之乎茗艼無能爲，始軒然曰：大人先生不必穴居蘇門山矣，然猶不廢論著，豈慮終蒙酒人之目，而留微言待玄賞邪？故達不足盡嗣宗。

張燮爲《阮籍集》作序道：

阮嗣宗疏狂絕俗，而顏延年目之曰：識密鑒亦洞。此深知嗣宗者。〈大人先生傳〉陋蝨褌中，是其有託以自放焉，未便本趣所都也。愛土風而賦東平，不過求出户限外耳。〈詠懷〉八十二章，拉首陽，拍湘纍，悲繁華，憐夭折，深心轆轤而故作求價語雜之，蓋身不能維世，故逃爲驚世。廣武之嘆，蘇門之嘯，窮途之慟，綜憂樂而橫歌哭，夫亦大不得已者乎！論《易》論《樂》，箇中自有爻象，全具音容，初何至與儒林作鯁；獨見夫禮法之士都以勸進爲忠，禪讓爲禮，攀鱗附翼爲智，即何曾、王休徵之屬莫不皆然，故迫而達莊通老，曰：禮非我設也。晉世效顰，無端作達，以爲遠希嵇、阮；彼守其驪黃，遺其駿逸，是惡知天馬哉！

現代研究魏晉思想史的一代宗師湯用彤先生這樣說⓬：

三國以來的學者，在「名教」與「自然」之辨的前提下，雖然一致推崇「自然」，但是對於「名教」的態度並不完全相同。我們此刻不妨把一派稱作「溫和派」，另一派名爲「激烈派」。……後派則徹底反對「名教」，思想比較顯著浪漫的色彩，完全表現一種《莊子》學的精神，其立言行事像阮籍、嵇康等人可爲好例。

魏晉南北朝史家王仲犖先生評價道⓭：

嵇康和阮籍，他們在口頭上表示了對於名教的反抗。他們反對一切人爲的束縛，認爲不合自然。他們所追求的乃是莊子的逍遙；他們要抉破禮法，非堯、舜，薄周、孔；這一種精神在破壞名教方面起了一些作用。

國學大師錢穆先生道⓮：

⓬《湯用彤學術論文集》，中華書局，1983年版，第301頁。
⓭王仲犖《魏晉南北朝史》下册，上海人民出版社，1980年版，第764頁。
⓮錢穆《國史大綱》上册，商務印書館，1977年版，第169－170頁。

> 正式主張老莊者，爲王弼、何晏。然何晏尚務實幹，（王弼則早死）。以老莊爲玄虛者，乃阮籍嵇康。然阮嵇皆別具苦心。此下則又自玄虛轉成放誕矣。……阮籍浮沈仕宦而持身至愼，出言玄遠，絕不臧否人物。……他們不願爲黑暗政權有所盡力，然他們自身亦多半是門第世族中人，依然不能脫身世外。以市朝顯達而講莊老。其勢不得不變爲虛無、爲浮沈、爲不負責任。最先只是自謹愼，保全門第，而以後不免於爲汰侈驕逸（如何曾、石崇、王愷之徒皆是）。

學術泰斗胡適先生說⑮：

> 魏晉的王弼、何晏、阮籍、嵇康、向秀、劉伶等人都崇尚老莊，遂開史家所謂「清談」時代。他們全盤接受了道家思想，論宇宙則主張自然，崇拜虛無；談政治則主張放任，反對干涉；論人生則主張適性自由，曠達恣意。阮籍說：「禮豈爲我設耶？」這正是那頹廢的人生觀的意義。他們縱酒狂放，打破一切禮法制度的束縛，其實只是對政治社會的一種抗議。阮籍說：「君子之處域內，何異夫蝨之處褌中乎？」這話裏含多少哀音？他們對那現實的社會沒有勇氣革命，只想在精神上得一種安慰，所以他們的下梢都想逃出世外去過那神仙的生活。曠達的人生觀和神仙

---

⑮胡適〈中國中古思想小史〉，見《胡適學術文集·中國哲學史》上册，中華書局，1991年版，第489－490頁。

出世的理想是同一條路的。清談的風氣是佛教思想的絕好預備。從虛無到空假，從神仙到羅漢菩薩，那是很容易過渡的了。

筆者的恩師，胡適先生的高足、中國思想史家容肇祖（1897－1994年）先生曾著《魏晉的自然主義》，其中視玄學諸人，特別是阮籍爲道家復興的中堅，其行爲、著述都將道家的自然主義推向一個新的發展階段⑯。

中國哲學史家張岱年先生說⑰：

至魏晉時，道家的思想遂整個復興起來。當時稱爲玄學，其倡導者是何晏（字平叔）王弼（字輔嗣）。……何王同時又有阮籍（字嗣宗）嵇康（字叔夜）等，提倡自然，菲薄禮教，在行動上放蕩不羈，善作驚人的雋語，其實他們的理論造就並不甚深。

中國思想史家韋政通先生說⑱：

嚴格說，阮籍對禮法的態度，已不能算是批判，實表現了一次最徹底的反抗。他的反抗比先秦的老莊、韓非更劇烈，因老莊韓非的反抗，大體上還只是停在觀念的層次，

⑯容肇祖《魏晉的自然主義》，開明書店，1933年版。
⑰張岱年《中國哲學大綱》，中國社會科學出版社，1982年版，第19頁。
⑱韋政通〈阮籍的時代和他的思想〉，見《中國哲學思想批判》，水牛出版社，1988年版。

> 阮籍是從觀念到生活，從裏到外，無一不與禮法相衝突。……這樣一個充滿放蕩風氣的時代，最重要的代表人物是阮籍。從文字表面上，阮籍的作品，似只表現了反抗的激情。但如能把握他生活的全面，則又知他的反抗，正可以驅迫我們正視生命領域。更重要的是，可以迫使我們弄清傳統儒家最根本的一點不足。

中國哲學史學家任繼愈先生說[19]：

> 阮籍反對虛僞的「名教」而崇尚「自然」，他以嗜酒放誕的行爲掩飾他的政治傾向，他的思想也反映了某些進步的寒門庶族地主階級的政治要求。

中國哲學史學者丁冠之教授說[20]：

> 阮籍的一生和他的著作是魏晉之際社會政治和社會思潮的一面鏡子。他從志尚詩書信奉儒學一變而主張儒道結合，再變而主張廢棄禮法，反對名教，都和他的時代息息相關。這是阮籍思想的一個重要特點。

第三節　阮籍的歷史地位

---

[19] 任繼愈主編《中國哲學史》第二册，人民出版社，1979年版，第189頁。
[20] 丁冠之〈阮籍〉，見方立天、丁首奎編《中國古代著名哲學家評傳》續編二，魏晉南北朝部分，齊魯書社，1982年版，第130頁。

阮籍的思想在抽象思辨方面的確稍遜色於同時代的何晏、王弼（得力於王氏家族對荊州學派研究成果的壟斷，本書第四章專有論及），也不如嵇康那樣敏銳和犀利。但是，阮籍把老子的理論、莊子的學說和理想「盡自己的力量在觀念和實踐的層面上加以闡揚，他把以前玄學的主題諸如聖人的人格如何，通過莊子學說轉移到個人人格上，增加豐富的涵義和內容，使玄學打上深刻的、那個特定時代的烙印——玄遠、飄逸、放達、超脫的背後蘊含的是痛苦、悲涼、傷感和期待」㉑。阮籍的自然觀是調和儒道兩家的，而且吸收了莊子的相對主義觀點，這樣他才能把人放入萬物的有機體系之中，塑造與自然法則相類似的完善的人格理想。毋庸置疑，阮籍有著激烈反「名教」的理論和行爲。然而，他只把「禮法」視爲儒家經世致用時生出的末流，對儒學之根本——仁愛精神仍心嚮往之，且對尊卑的社會等級秩序之說持肯定的態度，這反映出阮籍追求在現實社會建立儒道互補之政治制度的一種理想，「在上而湊乎下，處卑而不犯乎貴」，「明者不以智勝，闇者不以愚敗，弱者不以迫畏，強者不以力盡」。阮籍是想借助於道家自然無爲之說而在社會中實踐儒家的仁恕之說。「無爲」即現世間人與人不相害，不相害恰好就是「仁愛」，「不害於物而形以生，物無所毀而神以清，形神在我而道德成，忠信不離而上下平」㉒。阮籍在激烈地反「名教」的同時，認眞地在理論上彌合儒道差異實屬難得，這在玄學中也是超過了王弼僅在本體論和政治觀做些抽象的通論。

㉑辛旗《中國歷代思想史·魏晉南北朝隋唐卷》，文津出版社，1993年版，第60頁。

㉒阮籍〈達莊論〉。

阮籍在中國思想史發展過程中正經歷了擺脫經學束縛，突破陰陽讖緯儒學迷霧，復興道家自然主義，提倡諸子學說的第二次思想大解放的時期。也是時世混亂、政局動盪、生命意識高揚的時代。他在正始玄學因政爭而幾近斷流之際，依時代環境和個人性格和天賦，以變通的方式將那好不容易從漢代經學中解放出來的思想主脈得以繼續下去，爲後世道家思想與道教的結合；與儒學的結合（初、中唐一批思想家具體做了實踐[23]）；與佛學的結合；與個人修養及人生觀、生命意識的結合，用個人特異的行爲言論起到了過渡時期的中介及黏合作用。阮籍將儒家的仁愛精神與莊子的「自然無爲」、「萬物一體」理念結合，以「混一」爲根本，「自然」爲關鍵，視社會的「仁愛」即「自然」的體現。他抨擊「禮法」，希冀打破枷鎖，達成個性人格自由；他珍惜生命，崇尚莊周，追求絕對的精神自由。他用理論、感情渲洩的詩歌文賦和自身行爲之實踐，把何晏、王弼抽象玄思的理論化玄學，變爲一種個人情感體驗的具體的玄學，可以看得見、摸得著、學得來的人生態度。阮籍的思想實可稱之爲：是個體冀求把握無限，冀求心靈與宇宙交融的美的哲學。之所以在有如此痛苦生活歷練之人的思想上冠以「美」這個字眼，實因爲阮籍的思想是以《莊子》自然主義爲本位的，他不同於何晏、王弼用《老子》的「無」這抽象概念做理論基石。他以人性爲尺度，衡量自然、禮法究竟哪一個對人的生命、人性更有益處，他用飽蘸情感的筆墨描繪出一幅自然恬淡的圖景，讓人們與現世的黑暗、險惡、壓抑感相對照，用「美」的自然與人性去襯托對人性壓制之

---

[23]辛旗《中國歷代思想史·魏晉南北朝隋唐卷》第十三章，〈儒家復興運動中的思想家〉。

「名教」的醜惡。

阮籍思想的歷史地位是與玄學歷史意義密不可分的。玄學做爲新道家因內在邏輯決定，與皇權保持著距離，故終始未取代經學、儒家學說實際的官方意識形態的地位。玄學中人在阮籍所處時代罕有身全者，他們不是涉足毫無理論意義的權爭之中，就是因爲與統治者的理論衝突招致橫禍。所以說，在精神境界營造抽象思辨的避隱山林，對他們安身立命是何等的重要。玄學也正是因爲未身列廟堂，爲其理論的自由發展提供了廣闊的天地。在玄學自身中，沒有任何的絕對眞理，玄理的邏輯力量才是權威，如果仔細玩味魏晉間玄學的淸談、爭議（《世說新語》記載的至爲生動），你就會發現：在玄理面前人人平等，不論世族寒門，不分長幼尊卑，甚至不顧及政治派別，只要一進入玄學討論，即刻有一種學術自由的氛圍。當然，爭論之後若把觀點之異帶入政治權利之爭，還是有生命之虞的。魏晉玄學當中有很大的生命意識覺醒的成分，所以不僅表現爲理性思辨，還極具感情的色彩，阮籍的文賦詩歌可以說最能說明這一特徵，這實際上是在把握人生、宇宙眞諦之後，以豐富的言語汪洋恣肆地鋪陳內心的自然情懷。

阮籍與其他同時代思想家共同開創的魏晉玄學對後世學術發展的影響是深遠的，它爲佛教傳播，佛學的中國化奠定基礎，是直接的作用。其更有意義的是，爲宋明理學奠定了堅實的理論根基，它使董仲舒滲入儒學之中的陰陽五行讖緯迷信，通過儒道融合而撥離開來，使唐宋儒學復興不僅藉助道家，亦通過玄學藉助了佛學，使理論思辨達到了新的高度，賦予儒學這一中國傳統文化主脈以新的活力和生機。綜觀阮籍時代玄學的發展脈絡及其後承者的作爲，似可給玄學在中國思想史發展過程中一個確切的定位：承上者，以道家、諸子學剔除儒學中陰陽災異讖緯迷信的成分；啓下者，以新道家自然主義的精神，先秦名理的方法論促發後世思辨儒學（唐代新儒家）的興起。

阮籍在思想史上能夠穩穩地占據一席之地的突出貢獻就在於：他在人格、人性之中加入與自然合一的大生命意識；把道家的「自然無爲」之說與儒家的「仁恕」之說在「人性向善」的基礎上結合起來。

第十一章　阮籍思想對現代的啓迪

第一節　阮籍一生所揭示的千古不變的問題

阮籍處在漢代經學崩解，知識階層主體意識覺醒，新思想（道家自然主義、先秦名理思想、諸子學說）勃興，卻又逢政爭激烈，生死無常，新的意識形態未得確立的大動盪時代。兩漢數百年支配人們行爲，決定倫理、政治準則、價値體系的天人感應神學在漢末隨著天下大亂消亡。戰亂頻仍的時代，人的命運在一系列偶然性編織的必然羅網中那麼的飄忽不定，「福」、「禍」、「利」、「義」都失去了以往的規則。這種狀況逼迫那個時代的思想家不得不去考慮「人生命的意義」。

漢末的象數易學實際上已經開始把探索的重心放人生命運上，力求以一整套的易學「函數式」❶的推演方法，測算人們自身道德行爲的好惡對召致宇宙外力感應，施之於社會的程度與表現，以此來勸說君王與百姓要遵道德行事，不斷依天意調整處事的方式方法，並說明人們之間命運的差異性。然而，這種方法不斷地被破除迷信的宿命論學者，如王充、王符、仲長統所摒棄、批判。漢末政治也愈來愈重視個人主觀條件與社會客觀環境所結

---

❶辛旗《中國歷代思想史·魏晉南北朝隋唐卷》，文津出版社，1993年版，第2頁。

合形成的與「天人感應」無關的「命理」。人的主體意識開始自覺起來，生命意識走向覺醒。與漢末淸議運動相伴生的人物才性品評運動，爲漢代經學崩解之後魏晉玄學全面地由「天」轉向「人」的主題做了鋪墊。品評人物所運用的先秦思辨的名理方法，使當時在確定了理性的命運觀的同時，發現了「人必須處理與社會、自然的關係」這一重大的理論問題。

這是一個多麼重大的問題呀！現代的人們或許無法體會，可以想像那個時代聯繫人們心理、生活方式、人際關係的共同價值體系破碎了，天災人禍隨時會把死神帶到每個人的身上，無論他處在哪一社會階層。在死亡的氛圍統領數十年後，三國時期，對知識階層衝擊最大的就是精神上的恐懼與困惑。個體行爲失去了依據，精神支柱坍塌，個體與他人、個體與社會因缺乏傳統的正常聯繫而疏離。一種深感人生無常、個人渺小、孤獨的生命恐懼籠罩人的心靈。所以說，到了魏晉，人們的思想業已陷入極大的混亂（亦是極大的解放、無拘無束）和痛苦（無休止的政爭和殺戮）之中。通讀一下魏晉的史書、雜記，到處表現出士人的迷惘、困惑、煩悶、焦慮，各類反社會、反傳統、反道德的行爲比比皆是。魯迅先生所說的「魏晉風度」，那在服藥、飲酒、言玄行逸的背後是士大夫在權威思想的崩潰與重建過程中的精神上的迷惘與困惑的外在表現❷。主體意識是這樣覺醒的，不是輕輕鬆鬆地獲得，而是在生命的恐懼中，在與社會疏離、與自然隔閡時產生被遺棄、孤獨的感受中驚醒的！驚醒的「生命意識」、「主體意識」必須要面對這一問題：生命意識覺醒了的個人如何與

❷馬良懷《崩潰與重建中的困惑——魏晉風度研究》，中國社會科學出版社，1993年版，第24頁。

社會、自然相處。

如果說正始年間玄學諸人何晏、王弼僅只從理論上去探索這個問題的答案，那麼，到阮籍則是全身心地用個人生活實踐和理論去解答，爲此他付出的不僅是內心的苦痛，還有他的生命。他的朋友嵇康也做了相類似的探索，他無視政治社會壓力，用意志力量去檢驗完全與自然融合的人是怎樣地面對社會，結果他被輕而易舉殺掉了，一死了之，他的痛苦比起阮籍要相形見絀。阮籍所突顯的是主體的自主選擇「越名教而任自然」，爲防止被名教殺戮，覺醒的個體與社會衝突不得不妥協，但秉持「自然」之旨的主體又必須展現從屬於「自然」的特性。於是乎，個體精神只有採取在社會現實中超越社會現實的方式，將意志力量與自由具體化於放浪不羈的行爲與情感之中，不受名教的約束。這就不難理解阮籍縱酒無度、歌哭無端與諸多的怪異言行，也不難理解智謀過人的司馬昭爲何不殺他，反認爲他是在朝的「方外之人」。所以說，嵇康反禮教是以「力」抗「命」，「力」是他帶有政治傾向的意志力，「命」是人與自然社會發生關係時表現出來的趨勢（通過偶然性事件表現必然結局）。而阮籍反禮教是以「情」抗「命」，「情」是帶有理想人格和哲理色彩的感情。阮籍的思想若用現代哲理來解讀，實際上是傳統道德、學說培養出來的社會責任，卻無法在現實社會中得以實現，於是產生焦慮、孤獨，轉化成爲對社會政治道德倫理的反抗和對超越現實之精神境界的追求。

阮籍畢生所要解答的問題：個體逍遙的理想與社會、自然必然性的制約如何協調？實質上就是千古不變、各歷史時代表現不同的問題——人、社會、自然究竟處於怎樣的關係！若從人爲主體的意義上講，這一問題在現代哲學意義上就是一句話：人爲什麼活著？

人爲什麼活著？需要每個人自己去尋找、發現，去選擇、決定，去由各自的「自由意志」獨立地做自己的判斷和決定，而非被現實世界表現出來的現象間的因果規律來束縛左右。但是，人又非完全獨立的生命，他活在世間（自然的和社會的），他是具有社會屬性和自然屬性的，宋儒所謂「道心」、「人心」，前者是指社會性，後者是指自然性，要協調，所以要「惟精惟一，允持厥中」。否則順其自然的話，「道心惟微」，難以開啓、發蒙；「人心惟危」極易墮落、沈淪。個人是幾乎無法處理與自然的關係的，人與自然的關係實際上是社會的人（或人之社會群體）與自然的關係。人首先面對的是如何處理與社會的關係，換言之，在社會中如何規範人與人之間的行爲，這便涉及到道德問題。德國哲學家康德在《實踐理性批判》一書中說：「必須使你的行爲具有普遍性，那才是道德的。」然而一旦社會行爲的普遍性具有了非善的性質，將如何認定其道德屬性。在阮籍那個時代，名教是規定了的社會行爲的普遍性，但其早已被政治扭曲，阮籍反名教的行爲看似不與社會行爲的普遍性相一致的，但是他對已經難以充任社會行爲普遍性之名教的反動，恰恰在用極端的方式昭示：對人社會性的扭曲等於扼殺人的自然性，是違背道德和不具普遍性的。

任何人都生活在既有的歷史文化背景和特有的社會現實背景之中。人活著總有個判定善惡的標準——道德理性（康德稱之爲「實踐理性」），它的價值之源是什麼，漢代經學歸之爲「天」的秩序，魏晉玄學歸爲「名教」與「自然」的合一。今天哲學把他歸爲符合人類總體的生存延續發展。宗教歸結爲「神」（上帝）。其實價值之源就是人之所以成爲社會性的人的那些世代相傳的傳統，每種文化都有傳統，都是其「道德理性」的價值之源。人在成長過程中受文化培養、社會薰習、家庭撫育，每個人內心中都有一套與其所處社會普遍性相類似的道德標準，它們是不用解釋的，是絕對的道德，是歷史文化在民族心理中的積澱。但它們往往是理想，是文化的幻影，是天眞，是內心警告。因爲做爲社會的人，每一個個體，又有著自身的「道德情感」，他可以違背「道德理性」去謀求個人的幸福和私欲，因爲「道德理性」往往注重社會整體利益因而處處與個人的快樂相抵觸、衝突，有時甚至以犧牲個人的「道德情感」來顯示它的至高無上（如「廢孝盡忠」、「大義滅親」、「成仁取義」等行爲）。「道德情感」是個體在社會中經歷生命進程所展現的與自然、社會關係的準則，其中當然有「道德理性」的因素，但其主要取決於一個人的受教育程度、修養、意志力以及對「道德理性」的自覺認知程度。

第二節　阮籍精神苦痛的哲學涵義

阮籍的「道德情感」表面上看是在摒棄「道德理性」，只圖自己的快樂，比如他說「禮豈爲我輩而設」，言行處處有違當時代表社會普遍性的禮教。但事實上，阮籍內心中已經認爲「名教」已經不再是代表社會行爲普遍的、善的東西，而是一部分人把政治利益加雜「道德情感」調製成的，是維護自身幸福害了人們自然本質的虛僞禮法。所以，阮籍就用自己特殊的「道德情感」的表現形式去反禮教，他自認爲自己的「自由意志」實際上體現了「道德的先驗形式」，是先聖先賢傳授給他的「道德理性」。但是，阮籍不願與強大的政治社會相對抗，他不願像其他玄學名士那樣輕易失去寶貴的生命，於是便與自身的快樂、群體日常經驗的普遍性在自身的反映相對抗、衝突。用乖異的行爲充當逃避政治殺戮的護身符，來曲折地表達「道德理性」的自覺，所以阮籍在詩中寫道：

> 一日復一夕，一夕復一朝。顏色改平常，精神自損消。胸中懷湯火，變化故相招。萬事無窮極，知謀苦不饒。但恐須臾間，魂氣隨風飄。終身履薄冰，誰知我心焦。

歷史是具體的，「道德理性」在歷史進程中必然與特定的時代、思想、人群集體相關聯。因此，它的普遍性也就必然以某種形式性的社會道德規範的建構表現出來，比如魏晉時代被規定爲「名教」。其內容來源於具體時代背景、民族、階級的利益與經驗，因而是可變的、相對的，往往在「道德理性」的形式下加雜著許多特定的「道德情感」的內容，成爲一種「社會性的道德」，阮籍所反對的正是這種違背了「道德理性」又打著「道德理性」旗號的「社會道德」。

「道德理性」和「社會性道德」是不同的，前者是人自己選擇的終極關懷和安身立命之人生準則，是個體追求的最高價值，自認爲是在執行自然與人類總體的向善意志。後者則是某一社會群體（如民族、國家、集團、黨派）的規範行爲、區割利益的要求，個體被要求要服從並履行責任。「道德理性」是絕對的，但個人執行起來卻是相對的，受「道德情感」的干擾。「社會性道德」是相對的、可變的，但執行起來是絕對的，它有一系列規範的形式。當然，兩者也有共同點，如都對行爲加以規範，用理性制約感性。在內化成個體的自覺要求時，又都表現出「良心」、「良知良能」的心理主動形式。

中國古代文化傳統由於宗教不發達，人文精神早熟（周代以血緣宗法觀念完成），故「道德理性」的先驗性並未脫離現實世界而指向「神域」（外在的精神力量或人格神），而是貫穿於現世的現象世界，所以常常與「社會性道德」混合一起，中國傳統的道德往往是政治、倫理、鬼神觀念融匯在一體的。「社會性道德」所遵循的「本體」——「道德理性」就存在於「社會性道德」自身之中。這種「體用一體」的道德觀，使許多古代思想家無法解決道德理性之源的疑慮，陷入極大的精神痛苦中。阮籍道德觀念的矛盾就在於：在沒有宗教外在世界依託的情形下，欲尋求先驗理性，而「自然」的概念又無法解決道德的價值源頭問題，同時「名教」中旣有的「道德理性」成分又幻化爲理想的道德，所以阮籍只有反禮教中那些違背「道德理性」的內容，來表現對先驗理性（道德理性）在經驗方面的追求與回歸這一途了。但是一踏上這條路阮籍又發現，他所用來反「名教」的東西，不過是人的自然屬性罷了，並非絕對的「道德理性」，於是對內心「道德理性」違背之後的歉疚感油然而升，並不斷增強，這種痛苦是難以言表的，但從他許多自殘式的行爲中完全可以看出端倪。阮籍甚至會感到他自己就是一個道德理性、道德情感和社會道德的混合物，「善」的意念使他感到有責任反抗「惡」，可是反抗「惡」所用的「道德情感」中也有「惡」的成分（誇大了的人的自然本性），以「自然」反「名教」，「自然」也傷及了「道德理性」，阮籍就這樣陷入了弔詭。阮籍用行動否定了儒家禮教文化中的一切價值，卻讓子女去遵奉、去肯定；阮籍視歸隱和不受「社會性道德」支配爲人生理想的境界，卻勸兒子去從政爲官；阮籍嫉惡如仇，恨透蔑視那些禮法之士，卻又擺脫不了讓他絕望的險惡政治環境，自己也毫無選擇地成爲司馬氏政權的裝飾品。阮籍的一生就是個矛盾：社會環境與他思想的矛盾；他人格的內在矛盾（嫉惡如仇又不願拚死抗爭）；內心精神世界的矛盾。這些矛盾所決定他一生遭際中的各類衝突，無不帶來極大的痛苦。大徹才能大悟，所以他的哲學與文學作品，他的思想無不透露出對人的本質和生命意義的反思。

第三節　阮籍思想的現代啓示

「千古艱難惟一死」，阮籍在那樣的年代，承受那般的精神苦痛，但他還要活著，在活著當中表現自己的思想、意志。究竟是一種什麼樣的精神力量在支撐著他？這恐怕還要從中華古老的文化傳統中去探索。

儒家、道家是中華文化中哲學系統的精髓，二者都將人做爲主體，並把其與客觀的關係（包括人生意義）建構在現世。而沒有把「活著」的意義建構在不活、他世、上帝之上。在儒家看來，活的意義要在人生世事中去尋找，在與自然萬物的親近中去感受。儒家看到自然萬物勃勃生機，就像人（無論個體或群體）生生不息，於是說「天地之大德曰生」，「生生之謂易」。「德」指最圓滿的本性、那麼宇宙這種本性與「人活著」相通了，宇宙雖無意志，但她的本性、她的規律在人看來那麼賦予情感。「活著」就是「生生」，就是「大德」，就是「圓滿」，爲了這個「圓滿」，無數阻礙她、傷害她的東西，不過是爲了讓「生生」（活著）更有意義。今人李澤厚先生稱此爲中國人的「樂感文化」和「實用理性」❸，他曾頗有感受地寫道：

> 正因爲「活」得如此艱苦悽愴，「活」本身便是件大好事。四大非空，有情更實，生命多麼美好，自然如此美妙，天地何等仁慈！那麼，又何必去追求寂無，捨棄生命，或頌揚苦痛，皈依上帝呢？就好好地活在世界上吧。只要不執著、不拘泥、不束縛於那些具體事件對象、煩憂中，那麼，「四時佳興與人同」、「日日均好日」，你爲什麼不可以由此「悟道」，進入這「本體」、這宇宙而「天人合一」呢？宇宙自然即是那有靈有情的上帝。

儒家從宇宙「生生」之理認定人性本善，因爲宇宙表現出的本性在人看來是無惡意的，人是「生生」中的一環，人是沒有「原罪」的。所以說「天行健、君子自強不息」，看到宇宙都在生動活潑地運行（活著），人有什麼理由不去爲活著而拚搏呢？當然，「自強」具有即善而且活著的雙重涵義，是「生命意識」與「向善意識」（道德價值自覺能力）❹的合一，是中華文化倫理的「本體」。所以，儒家把「天地人」視爲「域中三大」，具有同樣的本性——生、健、強。人非是自然萬物的附庸，而是

---

❸李澤厚〈爲什麼活：個人主體性〉，《明報月刊》1994年9月號。

❹辛旗〈中國傳統人生哲學的主旨〉，《中國哲學史研究》1989年第1期。

「參天地，贊化育」，參與萬物「生生」的過程，天地的存在甚至要在「人活著」的前提下才有實際意義，「天人合一」論便有了普遍性的價值，客觀目的論和人格神在中國古代哲學中便沒有地位了。

然而，歷史畢竟是歷史，現實社會在哪一個歷史時期幾乎給當時知識份子無一例外的印象是「世風日下」、「今不如昔」、「惡欲橫流」、「道德淪喪」。現世的經驗也往往是「好人無好報」，「福」、「德」很少統一，「富」、「仁」難以雙全。中華文化也存在著「惡」的歷史主義（如法家、道家）和「善」的倫理主義（如儒家）的理論衝突。這種理論分歧若體現在個體知識份子身上往往呈現「儒道互補」的生命軌跡，「進而兼濟天下，退而獨善其身」，也造成了多少仁人志士精神苦痛和生命輝煌（阮籍僅其中之一）。

道家看透了現世的惡象，因此，不重於本體實相、本質規定，他視一切都是可變的，故重認知流變、處理應付流變的方法。道家沒有像儒家那樣去建構「天人合一」的本體（「生生」的意志與秩序），再在社會中模仿自然、參照血緣關係，建構一套禮敎（社會秩序）。道家所重的是宇宙萬物人世的潛在可能性。「道」的本意是「道路」，引申意爲四通八達的各種取向、趨向、面向。既然是潛在的可能性，所以「道」的本性就是不可捉摸、朦朧恍惚、無象無物。「運用之妙，存乎一心」。遵循「道家的準則」就在於保持那潛在可能性的無限，以高於、大於、優於任何現實性的有限，即萬事萬物，才能以「無爲而無不爲」，而保身全生，實現「活著」的根本目的。理解了這一點，就不難揭示出千百年來《老子》一書中暗藏的玄機。「道可道，非常道；名可名，非常名。無，名天地之始；有,名萬物之母」，其眞義該是：可以說出來的方法，不是潛在的可能性，就沒有了應變的能力；爲事物定性，就沒有看到他變化。無限的潛在可能性是天地的最終根據；有限的現實實在性是事物存在的依據。換言之：無限的潛在可能性是宇宙之「源」；有限的客觀現實性是萬物之「本」。說到這裏，讓我們再回到阮籍的生平，他也觀察到人世變遷中「惡」的成分，他深入研究過道家並大力弘揚避世的莊子學說，他對「惡」是痛恨的，但他明白要運用方法，在「活著」的生命意識至上的前提下去反對「惡」。所以，「酒」對於阮籍是太重要的東西了，酒可以使人失去理性，無法做出正常的判斷，酒也可以幫助人僞裝失去理性、無法做出判斷與決定。我們似可以說，「酒」在那個險惡的社會環境中，可以幫助阮籍運用道家的方法，保持潛在的可能性。酒的作用是使人這一主體的意識存在於非善非惡的中間狀態，增加了他意識取向的潛在可能性。所以，當司馬昭爲兒子要娶阮籍女兒，向阮籍提出親事時，他只好「醉六十日，不得言而止」，旣不允諾，也不拒絕。而且阮籍在居喪禮、任官職中的反禮教行爲也常借助於飲酒大醉來達成，甚至不得已爲司馬昭寫勸進表，也是乘醉而作，讓後人難以非難他。

道家是大智慧，是辯證法，是處理萬事萬物變化的方法論。它解開了任何事物、變化都具有兩面性和多種可能性之謎，強調人在活著的過程中要時時處理好「變動」對人生的影響。道家體現了中華傳統文化「實用理性」的智慧層面，與儒家體現「實用理性」的情感層面互爲補充，構成了「居善而奮進不已，識惡而應變不驚」的中國傳統知識份子的文化心理結構及人生觀。道家的方法畢竟重於歷史、社會、人生的進程中的變動，它尚不能給予知識份子「生命意識」強烈地希望在社會功業中得以實現時，精神上要求有一不變的「本體」做爲道德人生的心理支柱。而儒家「天地之大德曰生」、「天人合一」的宇宙觀和「仁」的「道德理性」學說完全可以做爲生命的終極根據❺。

阮籍思想對今天最大啓示應該是：人的「道德理性」、「道德情感」和「社會性道德」應當符合人類總體生存的要求。阮籍那個時代，禮教危及著人的自然本性，傷害人們「道德理性」。阮籍爲了「道德理性」的回歸，爲了活著，而不得不採取反禮教，甚至全盤否定「社會性道德」的方式來張揚人的「道德情感」和「道德理性」。今天，人類要重建某種以「理」、「性」或「心」爲本體的形而上學已相當困難。自然人性論和道德相對主義業已導致現代生活中物欲橫流，人類幾乎完全被感性所左右。尤其是人類對自然的破壞，過度索取，人類自相殘殺，科學的工具化（可以用於毀滅人類），已使人類生存發展成了問題，現在不是「人爲什麼活著？」而是「人類究竟還能活多久？」的問題，人類陷入了困境，無論在物質上抑或精神上，「能源在枯竭、宗教在萎縮、道德在淪喪、思想蒼白無力、環境日趨匱薄、文化在不斷失去靈性。人類征服自然的偉力達到極致，但人類也在丟掉自然曾慷慨賦予他們的人性」❻。

人類應瞭解世界處於各種危機之中，危機與每個人都有利害關係。全世界要在採取協調行動的同時，加固「道德理性」和內

---

❺辛旗〈中國傳統人生哲學的主旨〉，《中國哲學史研究》1989年第1期。
❻辛旗《諸神的爭吵——國際衝突中的宗教根源》，四川人民出版社，1993年版，第153頁。

在人格的哲學根柢。個人仍是構成當今社會的元素，個人的行爲和價值觀可以影響「社會性道德」的走向，人類精神品質的提昇，有賴於每一個人內在人格的不斷向上、向善地成長。人類也應當認淸：個人人格完善離不開社會的協助，離不開文化傳統，離不開自然界，所以必須回饋社會，豐富文化，保護自然。這樣，人類才能懂得什麼是「社會」，什麼是「生命」，才能回答人爲什麼活著的問題，才能處理人類如何更好的生存發展的問題。

參　考　書　目

一、書籍

①《易經》
②《史記》
③《漢書》
④《後漢書》
⑤《禮記》
⑥《三國志》
⑦《晉書》
⑧《論語》
⑨《孟子》
⑩《荀子》
⑪《墨子》
⑫《莊子》
⑬《淮南子》
⑭《孝經》
⑮《新唐書》
⑯王　充　《論衡》
⑰仲長統　《昌言》
⑱劉義慶　《世說新語》
⑲《太平御覽》

⑳《魏志》
㉑袁　宏　《後漢記》
㉒杜　佑　《通典》
㉓鍾　嶸　《詩品》
㉔王　符　〈潛夫論〉
㉕王羲之　〈蘭亭集序〉
㉖謝　赫　《古畫品錄》
㉗劉　勰　《文心雕龍》
㉘王　珉　〈行書狀〉
㉙李　靖　〈草書狀〉
㉚嵇叔良　〈魏散騎常侍阮嗣宗碑〉
㉛劉熙載　《藝概》
㉜沈　約　《棋品序》
㉝沈德潛　《古詩源》
㉞《詩經》
㉟何　焯　《義門讀書記》
㊱胡應麟　《詩藪內編》
㊲陳　沆　《詩比興箋》
㊳嚴　羽　《滄浪詩話》
㊴王夫之　《古詩評選》
㊵李　沂　《秋星閣詩話》
㊶葛　洪　《抱朴子》
㊷歐陽詢等　《藝文類聚》，1982年，上海古籍出版社。
㊸佚　名　《古文苑》
㊹司馬光等　《資治通鑑》

㊺嚴可均輯　《全上古三代秦漢三國六朝文》

㊻丁福保輯　《全漢三國晉南北朝詩》

㊼張　溥　《漢魏六朝百三名家集》

㊽巢元方《諸病源候總論》

㊾《皇淸經解》

㊿陸　機　〈文賦〉

51謝靈運　〈辨宗論〉

52《北堂書鈔》

53王　弼　《老子注》

54郭　象　《莊子注》

55李　昉　《太平廣記》

56《曹子建集》

57《陶淵明集》

58《曹操集》

59阮嗣宗集　《范欽刊本》（現藏臺北故宮博物院）。

60阮嗣宗集《汪士賢刊本》（現藏臺北中央圖書館）。

61阮嗣宗詩　《明白口刊本》（現藏臺北故宮博物院）。

62阮嗣宗集　《薛應旂刊本》（現藏臺北故宮博物院）。

63馮惟訥編　《詩記》（現藏臺北故宮博物院）。

64容肇祖《魏晉的自然主義》，1935年，上海商務印書館。

65劉汝霖　《漢晉學術編年》，1932年，上海商務印書館。

66唐長孺　〈魏晉玄學之形成及其發展〉，見《魏晉與北朝史論叢》，1957年，北京三聯書店。

67錢　穆　〈論魏晉玄學三宗〉，收入《莊老通辨》，1957年，香港太平書局。

(68)黃 節 《阮步兵詠懷詩注》，1957年，藝文印書館影印。
(69)劉大杰 《魏晉思想論》，1957年，中華書局。
(70)《二十五史補編》，1959年，上海開明書店。
(71)侯外廬主編 《中國思想通史》，1957年，人民出版社。
(72)湯用彤、任繼愈 《魏晉玄學中的社會政治思想略論》，1956年，上海人民出版社。
(73)湯用彤 《魏晉玄學論稿》，1957年，人民出版社。
(74)狩野直喜 《魏晉學術考》，1968年，筑摩書房。
(75)藤川正數 《魏晉時代表服禮的研究》，1960年，敬文社。
(76)林 庚、陳貽焮、袁行霈編 《魏晉南北朝文學史參考資料》，1960年，中華書局。
(77)翦伯贊主編 《中外歷史年表》，1961年，中華書局。
(78)戴明揚 《嵇康集校注》，1962年，人民文學出版社。
(79)王 瑤 〈文論的發展〉，見《中古文學思想》，1951年，棠棣出版社。
(80)黃錦鋐 〈魏晉之莊學〉、〈莊子及其文學〉，見《漢學論文集》，1970年，驚聲出版社。
(81)何啓民 〈阮籍〉，見《中國歷代思想家叢書》，1978年，商務印書館。
(82)章 江 《魏晉南北朝文學家》，1971年，大江出版社。
(83)羅 光 《中國哲學史·兩漢南北朝篇》，1978年，學生書局。
(84)牟宗三 《魏晉玄學》，1961年，東海大學出版社。
(85)牟宗三 《才性與玄理》，1978年，學生書局。
(86)何啓民 《魏晉思想與談風》，1967年，中國學術著作獎助委員會。

⑰周紹賢　《魏晉清談述論》，1966年，商務印書館。
⑱錢　穆《國史大綱》上册，1977年，商務印書館。
⑲張仁青　《魏晉南北朝文學思想史》，1978年，文史哲出版社。
⑳劉師培　《中國中古文學史》，1977年，鼎文書局影印。
㉑徐嘉瑞《中古文學概論》，1977年，鼎文書局影印。
㉒松本幸男《阮籍的生涯與詠懷詩》，1977年，東京木耳社。
㉓《辭海》附錄，〈中國歷史紀年表〉，1979年，上海辭書出版社。
㉔王仲犖　《魏晉南北朝史》上、下册，1979年，上海人民出版社。
㉕郭紹虞　《中國文學批評史》，1979年，上海古籍出版社。
㉖勞　幹　《魏晉南北朝史》，1975年，華岡出版公司。
㉗河北師院中文系古典文學教研組編　《三曹資料匯編》，1980年，中華書局。
㉘任繼愈主編　《中國哲學史》第二册，1979年，人民出版社。
㉙何啓民　《竹林七賢研究》，1984年，學生書局。
⑩⓪湯用彤〈魏晉玄學論稿〉，收入《魏晉思想》甲編五種，1984年，里仁書局。
⑩①許抗生　《魏晉玄學史》，1989年，陝西師範大學出版社。
⑩②莊萬壽　《嵇康研究及年譜》，1980年，學生書局。
⑩③陳伯君　《阮籍集校注》，1987年，北京中華書局。
⑩④周紹賢　《魏晉清談述論》，1987年，商務印書館。
⑩⑤樓宇烈《王弼集校釋》，1980年，華正書局。
⑩⑥余英時《中國知識階層史論》，1984年，聯經出版公司。

⑩邱鎮京 《阮籍詠懷詩研究》，1980年，文津出版社。
⑩張岱年 《中國哲學史大綱》，1982年，中國社會科學出版社。
⑩逯耀東 〈漢晉間對經書解釋的轉變〉，1977年，見《勒馬長城》，時報文化出版公司。
⑩盧建榮 《魏晉自然思想》，1980年，臺北聯鳴文化公司。
⑪丘爲君 《自然與名教——漢晉思想的轉折》，1981年，木鐸出版社。
⑫羅 光 《中國哲學史·魏晉隋唐佛學篇》，1980年，學生書局。
⑬王曉毅 《放達不羈的士族》，1989年，陝西人民出版社。
⑭方詩銘 《中國歷史紀年表》，1980年，上海辭書出版社。
⑮江建俊 《建安七子學述》，1982年，文史哲出版社。
⑯蕭滌非 《漢魏六朝樂府文學史》，1981年，長安出版社。
⑰胡國瑞 《魏晉南北朝文學史》，1980年，上海文藝出版社。
⑱馮君實主編 《中國歷史大事年表》，1985年，遼寧人民出版社。
⑲馮友蘭 《中國哲學史新編》第四册，1986年，上海人民出版社。
⑳孫叔平 《中國哲學史稿》上卷，1980年，上海人民出版社。
㉑唐 晏 《兩漢三國學案》，1986年，中華書局。
㉒高 敏 《魏晉南北朝社會經濟史探討》，1987年，上海人民出版社。
㉓周一良 《魏晉南北朝史札記》，1985年，中華書局。
㉔陶建國 《兩漢魏晉之道家思想》，1986年，文津出版社。

⑫5辛冠潔編 《中國古代著名哲學家評傳》續編二，1984年，齊魯書社。
⑫6王葆玹 《正始玄學》，1987年，齊魯書社。
⑫7白化文、許德楠 《阮籍嵇康年表》，1983年，中華書局。
⑫8余英時 《士與中國文化》，1987年，上海人民出版社。
⑫9李澤厚、劉綱紀主編 《中國美學史》第二卷上，1986年，中國社會科學出版社。
⑬0李澤厚 《美的歷程》，1983年，文物出版社。
⑬1鄭欽仁 〈鄉舉里選——兩漢的選舉制度〉，見《中國文化新論》制度篇，1982年，聯經出版事業公司。
⑬2《湯用彤學術論文集》，1983年，中華書局。
⑬3湯用彤 《王弼之周易論語新義》，1983年，中華書局。
⑬4丁冠之 〈阮籍評傳〉，收入《中國古代著名哲學家評傳》續編二，1982年，齊魯書社。
⑬5李澤厚 〈試談中國的智慧〉，見《中國古代思想史論》，1985年，上海人民出版社。
⑬6游國恩、蕭滌非主編 《中國文學史》第一卷，1983年，人民文學出版社。
⑬7韋政通 〈阮籍的時代和他的思想〉，見《中國哲學思想論集》，1988年，水牛出版社。
⑬8韋政通主編 《中國哲學辭典大全》，1983年，水牛出版社。
⑬9韋政通 《中國思想史》上、下册，1979年，大林出版社。
⑭0鄭毓瑜 〈阮籍的音樂審美觀〉，見《文學與美學》，1990年，文史哲出版社。
⑭1高羅佩 《中國古代的性與社會》，1994年，風雲時代出版

社。
⑭胡　適　〈中國中古思想史長編〉，見《胡適學術文集》，《中國哲學史》上册，1991年，中華書局。
⑭胡　適　〈中國中古思想小史〉，見《胡適學術文集》，《中國哲學史》上册，1991年，中華書局。
⑭辛　旗　《中國歷代思想史·魏晉南北朝隋唐卷》，1993年，文津出版社。
⑭辛　旗　《諸神的爭吵——國際衝突的宗教根源》，1993年，四川人民出版社。
⑭辛　旗　〈中國古代圍棋小史〉，見《中華傳統文化大觀》，1993年，中國大百科全書出版社。
⑭辛　旗　《黑白魂·玄妙之謎》，1990年，北京出版社。
⑭黃保眞、成復旺、蔡鍾翔　《中國文學理論史》，1993年，洪葉文化事業有限公司。
⑭福永光司編　《中國中世的宗教與文化》，1982年，京都大學人文與科學研究所。
⑮吉川忠夫　〈六朝士大夫的精神生活〉，《岩波講座世界歷史》五。
⑮易君左　《中國文學史》，華聯出版社。
⑮王世貞　《藝苑卮言》。
⑮章實齋　《文史通文》。
⑮高步瀛　《唐宋詩舉要》，世界出版社。
⑮徐　陵　《玉臺新詠》，世界出版社。
⑮李曰剛　《中國文學流變史》，白雲書屋。
⑮傅偉勳　《批判的繼承與創造的發展》，1986年，東大圖書公

司。
⑱姜亮夫 《歷代名人年里碑傳總表》，1937年，上海商務印書館。

二、論文

①桑 鎬 〈漢魏際之風尙與時代背景〉，1929年，《中央大學半月刊》1－3。
②魯 迅 〈魏晉風度及文章與藥及酒的關係〉，1927年，《北新半月刊》2－2。
③何蟠飛 〈阮籍研究〉，1937年，《文學年報》第3期。
④范壽康 〈魏晉的淸談〉，1936年，《武漢大學文哲季刊》5－2。
⑤董 衆 〈阮步兵(籍)年譜〉，1930年，《東北叢刊》3。
⑥余嘉錫 〈寒食散考〉，《輔仁學誌》第七卷，1、2合期。
⑦孫德宣 〈魏晉士風與老莊思想之演變〉，1944年，《中德學誌》6－1、2合刊。
⑧繆 鉞 〈淸談與魏晉政治〉，1948年，《中國文化研究匯刊》8。
⑨湯用彤 〈魏晉思想的發展〉，1947年，《學原》1－3。
⑩陸侃如 〈建安文學繫年〉，1941年，《淸華學報》13－1。
⑪陳寅恪 〈崔浩與寇謙之〉，《嶺南大學學報》第八卷第1期。
⑫高 準 〈魏晉六朝的文學觀〉，1958年，《大學生活》3－10。
⑬錢 穆 〈讀文選〉，1958年，《新亞學報》第三卷第2期。
⑭賀昌群 〈漢末大亂中原人民之流徙與文化之傳播〉，《文史雜誌》第二卷第5期。

⑮白　簡　〈魏晉文學思想的述論〉，《文學雜誌》第二卷第4期。
⑯廖蔚卿　〈論古詩十九首的藝術技巧〉，《文學思潮》第二卷第1期。
⑰廖蔚卿　〈論魏晉名士的狂與痴〉，《中國古典文學研究叢刊》(散文與論文之部)。
⑱沈剛伯　〈論文化蛻變兼述我國歷史上的第一次文化大革新〉，1969年，《中山學術文化集刊》4。
⑲錢　穆　〈略論魏晉南北朝學術文化與當時門第之關係〉，1960年，《新亞學報》5－1。
⑳王韶生　〈荆州學派與三國學術之關係〉，1964年，《崇基學報》4－1。
㉑越智重明　〈累世同居の出現をめぐいて〉，1968年，《史淵》第100號。
㉒牟宗三　〈阮籍之風格〉，《民主評論》第十三卷第14期。
㉓阮廷焯　〈阮籍爲鄭沖勸晉王牋考辨〉，《大陸雜誌》第三十四卷第9期。
㉔齊益壽　〈論阮籍的生命情調〉，《幼獅雜誌》第三十七卷第1期第241號。
㉕黃錦鋐　〈阮籍和他的達莊論〉，1977年，《臺灣師範大學學報》第22期。
㉖古苔光　〈魏晉任誕人物的分類與行爲的探討〉，1974年，《淡江學報》12。
㉗余英時　〈名教危機與魏晉士風的轉變〉，1979年，《食貨復刊》9－7、8期。

㉘林麗貞　〈從世說新語看魏晉清談論辨的主題〉，1977年，《書目季刊》10－4。
㉙劉　亮　〈魏晉南北朝文化的特色〉，1979年，《中華文化復興月刊》12－9。
㉚呂興昌　〈阮籍詠懷詩析論〉，《中外文學》第六卷第7期。
㉛徐高阮　〈山濤論〉，《中央研究院史語所集刊》第41本第1分册。
㉜高柏園　〈阮籍樂論的美學意義〉，《鵝湖月刊》第十七卷第112期。
㉝徐麗霞　〈阮籍研究〉，1980年，《師大國文研究集刊》第二十四卷下。
㉞林敬天　〈阮籍研究〉，1980年，《師大國文研究集刊》第二十四卷上。
㉟林明德　〈阮籍的生命態度〉，1985年，《輔仁國文學報》1。
㊱林麗貞　〈從隋志之著錄看魏晉清談及學術之跡象〉，1985年，《國立編譯館館刊》14－2。
㊲林麗貞　〈魏晉清談名士之類型及談風之盛況〉，1983年，《書目季刊》17－3。
㊳杜維明　〈魏晉玄學中的體驗思想〉，1983年，《明報月刊》18－9。
㊴丁懷軫　〈從名實之爭到本末有無之辨〉，1987年，《社會科學戰線》4。
㊵丁懷軫、丁懷超　〈阮籍與魏晉玄學的演變〉，1989年，《浙江學刊》6。
㊶余敦康　〈阮籍、嵇康玄學思想的演變〉，1987年，《文史

哲》3。
㊷楊國榮 〈力命之辨與儒家的自由學說〉，1991年，《文史哲》6。
㊸景蜀慧 〈魏晉官僚大族的重實之風及當時政治中的實用主義〉，1994年，《中國文化月刊》9－179。
㊹王曉毅 〈王弼易學概述〉，1994年，《中國文化月刊》9－179。
㊺楊國榮 〈自由及其限制——魏晉玄學與人的自由〉，1994年，《中國文化月刊》7－177。
㊻王曉毅 〈人物誌人材理論研究〉，1992年，《中國文化月刊》1－147。
㊼繆元朗 〈淺論魏晉士大夫的飲酒風尙〉，1993年，《中國文化月刊》3－161。
㊽劉 石 〈文學價値與文學史價値的不平衡性〉，1994年，《中國文化月刊》2－172。
㊾陳廷湘 〈存在的焦慮與天人感應〉，1994年，《中國文化月刊》6－176。
㊿李澤厚 〈爲什麼活：個人主體性〉，1994年，《明報月刊》9。
(51)辛 旗 〈鄒衍思想的轉變及其陰陽五行學說的發微〉，1988年，《中國哲學史研究》3－32。
(52)辛 旗 〈中國傳統人生哲學的主旨——立德、立功、立言與贊天地之化育〉，1989年，《中國哲學史研究》1－34。
(53)辛 旗 〈王符的社會批判思想與東漢末年清議思潮〉，1994年，《甘肅社會科學》3－85。

㊹辛　旗　〈魏晉玄學影響下的般若學與六家七宗〉，1993年，《中國文化月刊》9－167。

㊺辛　旗　〈簡論魏晉南北朝隋唐思想流脈〉，1993年，《中國文化月刊》10－168。

㊻辛　旗　〈談中華文化對西方的啓迪〉，1993年，《中國文化月刊》11－169。

㊼辛　旗　〈中國文化思想中的宗教情懷〉，1994年，《中國文化月刊》3－173。

㊽辛　旗　〈論現代化進程中兩岸傳統文化的創造性轉化〉，1992年，《河北社會科學》4。

年　表

一、本表上限始自曹操自命爲丞相的建安十三年，魏無其名，已具其實，二年後阮籍出生。因阮籍一生處於漢、魏、晉禪讓的過程中，故以他死後三年司馬炎稱帝建晉爲下限。

二、本表以本書涉及的東漢、魏、西晉人物、事跡爲主，有關魏晉學術思想流變的人物、事跡，以及較重要的事件，亦有選擇地列入。

三、本表編制中參考了下列著作文獻：

⑴翦伯贊主編：《中外歷史年表》。

⑵唐晏：《兩漢三國學案》。

⑶司馬光編集：《資治通鑑》。

⑷劉汝霖：《漢晉學術編年》。

⑸白化文、許德楠：《阮籍、嵇康年表》。

⑹陳壽：《三國志》。

⑺《晉書·阮籍傳》。

⑻上海辭書版：《辭海》附錄，〈中國歷史紀年表〉。

⑼劉義慶編：《世說新語》。

⑽馮君實主編：《中國歷史大事年表》。

⑾姜亮夫：《歷代名人年里碑傳總表》。

⑿柏楊：《中國歷史年表》。

⒀陳伯君：《阮籍集校注》，附錄三，〈阮籍年表〉。

(14)邱鎮京:《阮籍詠懷詩研究》，第一章，附〈阮籍年表〉。

(15)松本幸男:《阮籍的生涯與詠懷詩》，附〈阮氏世系表〉。

(16)楊蔭深:《中國文學家列傳》，附錄一，〈中國文學家籍貫生卒年表〉。

(17)方詩銘編:《中國歷史紀年表》。

(18)陳垣編:《二十史朔閏表》。

(19)本田成之:《中國經學史》，附〈中國經學年表〉。

(20)辛冠潔主編:《中國古代著名哲學家評傳》續編二。

漢建安十三年(208年)

(1)六月，曹操迫漢獻帝罷三公官，置丞相、御史大夫，自命爲丞相。

(2)八月，曹操殺孔融，夷其族。時荆州牧劉表死，子琮嗣。九月，曹操攻荆州，劉琮降。劉備遣諸葛亮東結孫權，以抗曹兵。

(3)十月，曹操以舟師攻孫權，權將周瑜大破之於烏林赤壁，操敗退南郡，留兵守江陵、襄陽而還。

(4)十二月，劉備攻占武陵、長沙、桂陽、零陵諸郡。

漢建安十四年(209年)

七月，曹操開芍陂屯田。十二月，周瑜破曹兵，攻占江陵。

漢建安十五年(210年)

(1)阮籍生。《晉書》本傳載:「景元四年冬卒。時年五十四。」景元四年爲西元263年，上溯五十四年，當生於是年。

(2)春，曹操令薦人者唯才是舉。冬，曹操建銅雀臺於鄴。

⑶周瑜圖取蜀，未行，病死。孫權以魯肅爲奮武校尉，代瑜領兵。

漢建安十六年（211年）

⑴阮籍二歲。

⑵曹丕爲五官中郎將，置官屬，爲丞相副。曹操遣將擊張魯。韓遂、馬超結涼州吏豪，起兵拒曹軍於潼關。七月，曹操率兵擊韓、馬等，九月，大破之。

⑶劉璋迎劉備入蜀，欲以擊張魯。

⑷司馬昭生。

漢建安十七年（212年）

⑴阮籍三歲。父阮瑀卒。曹丕憫其妻子孤弱，作〈寡婦賦〉，又命王粲等並作之。

⑵正月，朝廷加曹操贊拜不名、入朝不趨、劍履上殿。後又封曹操爲魏公，加九錫。魏始建社稷宗廟，初置尙書、侍中、六卿等職。

⑶九月，孫權作石頭城於秣陵，徙居之，改名建業。

⑷十二月，劉備據涪城圖攻劉璋。

漢建安十八年（213年）

⑴阮籍四歲。

⑵漢獻帝策命曹操爲魏公，加九錫，以冀州十郡爲魏公國。

⑶蔣濟爲丹陽太守。

漢建安十九年（214年）

⑴阮籍五歲。

⑵《資治通鑑》卷六十七載：「（漢獻）帝自都許以來，守位而已。左右侍衛，莫非曹氏之人者。……操後以事入殿

中，帝不任其懼，因曰：『君若能相輔，則厚；不爾，幸垂恩相捨。』」三月，曹操位諸侯王上。十一月，曹操殺皇后伏氏，滅其族及二皇子。

⑶五月，劉備逐劉璋，領益州牧。

漢建安二十年（215年）

⑴阮籍六歲。

⑵五月，劉備、孫權分荆州，以湘水爲界。

⑶七月，曹操破漢中，張魯遁；操徙漢中民八萬餘口於洛、鄴。十一月，張魯降於曹操，操遣將攻略三巴，張飛大破之。

漢建安二十一年（216年）

⑴阮籍七歲。

⑵四月，曹操進號爲魏王。魏以鍾繇爲相國。七月，南匈奴單于呼卓泉朝於魏，曹操留之，使右賢王曲卑監其國，單于歲給如列侯。

漢建安二十二年（217年）

⑴阮籍八歲。《太平御覽》卷六百二十引《魏氏春秋》曰：「阮籍幼有奇才異質，八歲能屬文。」

⑵魏以曹丕爲太子，曹植失寵。曹操設天子旌旗，用冕十有二旒。

⑶王粲卒。

漢建安二十三年（218年）

⑴阮籍九歲。

⑵九月，曹彰大破烏桓，鮮卑大帥軻比能懼，請服。

漢建安二十四年（219年）

⑴阮籍十歲。

⑵七月，劉備稱漢中王。八月，關羽破曹操軍。

⑶九月，魏相國西曹椽魏諷謀襲鄴，事洩被殺，連坐死者數千人。徐幹死。仲長統死。

⑷十一月，孫權襲取荊州，十二月，關羽敗死。孫權上書曹操，稱臣並陳說天命，操曰:「若天命在吾，吾爲周文王矣。」

漢延康元年，魏黃初元年（220年）

⑴阮籍十一歲。

⑵正月，曹操卒，子丕襲爵位，嗣爲丞相，改元延康。二月，陳群奏立九品官人法，州郡皆置中正，司選舉事。十月，曹丕稱帝，廢漢獻帝爲山陽公，改元黃初。十一月，魏復三公官位。

⑶蔣濟爲散騎常侍。阮咸約生於是年。

魏黃初二年，漢昭烈帝章武元年（221年）

⑴阮籍十二歲。

⑵正月，魏封孔羡爲宗聖侯，奉祀孔子。

⑶四月，劉備稱帝於成都，改元章武。

⑷孫權稱臣於魏，受封爲吳王，加九錫。

魏黃初三年，吳王黃武元年（222年）

⑴阮籍十三歲。

⑵吳將陸遜大破劉備軍於猇亭，備敗遁白帝城。

⑶九月，魏攻吳，吳王孫權臨江拒守，改元黃武。

魏黃初四年，漢後主建興元年（223年）

⑴阮籍十四歲。

⑵漢昭烈帝劉備卒，子禪即位，改元建興。

⑶鍾繇爲魏太尉。嵇康生。

魏黃初五年（224年）

⑴阮籍十五歲。

⑵魏立太學，置博士。

魏黃初六年（225年）

⑴阮籍十六歲。

⑵諸葛亮七俘孟獲七釋之，南中四郡大定。

⑶鍾繇之子鍾會生。

魏黃初七年（226年）

⑴阮籍十七歲。隨叔父至東郡，與王昶相見。

⑵魏文帝曹丕卒，太子叡嗣位，爲明帝。鍾繇爲太傅，司馬懿爲驃騎大將軍。曹眞、陳群、曹休、司馬懿並受遺詔輔政。

⑶王弼生。

魏太和元年（227年）

⑴阮籍十八歲。

⑵諸葛亮上〈出師表〉，駐軍漢中，籌備攻魏。

⑶司馬懿都督荆、豫州諸軍事。

⑷向秀生。

魏太和二年（228年）

⑴阮籍十九歲。

⑵諸葛亮出祁山攻魏，魏將張郃大敗馬謖於街亭。

⑶六月，魏詔郡國貢士以經學爲本。八月，魏軍於石亭被吳將陸遜所敗。

魏太和三年，吳大帝黃龍元年（229年）

(1)阮籍二十歲。

(2)四月，吳王孫權稱帝，改元黃龍。六月，蜀漢遣使賀吳，結盟，約中分天下。九月，吳遷都建業。

(3)十月，魏詔刑律用鄭玄章句，置律博士，令陳群等刪訂新律。

魏太和四年（230年）

(1)阮籍二十一歲。

(2)魏尚書諸葛誕、中書郎鄧颺等相與結爲黨友，更相題表：以散騎常侍夏侯玄等四人爲四聰，誕輩八人爲八達，中書監劉放之子熙、中書令孫資之子密、吏部尚書衛臻之子烈爲三豫。行司徒事董昭上疏詆之，帝善其言，於是免誕、颺等官。十二月，魏詔舉賢良。鍾繇卒。

魏太和五年（231年）

(1)阮籍二十二歲。

(2)諸葛亮出祁山攻魏，以木牛流馬運糧，屢破魏軍。

魏太和六年（232年）

(1)阮籍二十三歲。

(2)遼東公孫淵遣使稱藩於吳。

(3)曹植卒。

魏太和七年，魏青龍元年（233年）

(1)阮籍二十四歲。

(2)二月，魏改元青龍。三月，詔舉賢良篤行之士。

(3)十二月，公孫淵殺吳使，函首獻於魏，不受吳册封燕王號。魏假淵大司馬，封樂浪公。

魏青龍二年（234年）

⑴阮籍二十五歲。

⑵魏所廢漢獻帝劉協卒。魏司馬懿拒諸葛亮於五丈原。八月，諸葛亮卒。

⑶王戎生。

魏青龍三年（235年）

⑴阮籍二十六歲。

⑵魏以大將軍司馬懿爲太尉。魏明帝大興土木，築構宮室，農桑失業。又耽於內寵，婦官秩而擬百官之數，令女尙書代爲處理典章奏摺。極盡奢華，以大量戰馬向吳易取珠璣、翡翠、玳瑁等物。

魏青龍四年（236年）

⑴阮籍二十七歲。

⑵魏明帝詔公卿舉才德兼備各一人，司馬懿以兗州刺史王昶應選。陳群上疏勸帝毋耗費於興宮室。

魏景初元年（237年）

⑴阮籍二十八歲。

⑵三月，魏改元景初。十月，徙長安銅鐻於洛陽。大發銅鑄銅人二，號翁仲。大建苑林，採民女以充後宮庭掖。

魏景初二年（238年）

⑴阮籍二十九歲。約在此時寫作〈樂論〉。

⑵魏遣司馬懿攻公孫淵。八月，公孫淵敗死，遼東、帶方、樂浪、玄菟四郡幷入魏。曹爽爲大將軍。

⑶嵇康十六歲著〈遊山九詠〉，《北堂書鈔》引《嵇康集》載：魏明帝異其文詞，問左右：「斯人安在，吾欲擢之。」

遂任嵇康爲潯陽長。

魏景初三年（239年）

⑴阮籍三十歲。

⑵魏明帝死，子齊王芳嗣位，年八歲。加曹爽、司馬懿侍中，假節鉞，都督中外諸軍，錄尙書事。曹爽擢并州刺史畢軌及鄧颺、李勝、何晏、丁謐等才名之士爲心腹。丁謐爲爽畫策，使天子發詔轉司馬懿爲太傅，外以名號尊之，內欲令尙書奏事先經爽。

魏正始元年（240年）

⑴阮籍三十一歲。

⑵司馬昭爲洛陽典農中郎將轉散騎常侍。

⑶何晏任散騎侍郎，開始在官場上清談論道，興起玄風，力倡「貴無」論哲學。

魏正始二年（241年）

⑴阮籍三十二歲。約在此時與夏侯玄爭論「樂」的社會功能。

⑵魏於淮南北大興水利。

魏正始三年（242年）

⑴阮籍三十三歲。魏太尉蔣濟聞其才名，辟爲僚屬，阮籍作書〈奏記詣太尉蔣濟〉婉拒。後經親友勸說，勉強赴任，不久借病辭官。

⑵魏宗室曹爽與司馬懿各自收羅黨羽，形成對峙。

魏正始四年（243年）

⑴阮籍三十四歲。約在此時作〈通老論〉。

⑵十一月，蜀漢蔣琬病重，以費禕爲大將軍錄尙書事。

(3)王弼在裴徽的提攜下於學術上嶄露才華。何晏著編《論語集解》。

魏正始五年（244年）

(1)阮籍三十五歲。

(2)曹爽攻蜀漢以建威名，蜀將王平拒之於漢中，費禕督諸軍救援，爽大敗，損失甚衆。

(3)嵇康二十二歲，約於此時與魏譙王曹林之女成婚，後官拜中散大夫。鍾會時年二十，任秘書郎。

(4)王弼、鍾會、荀融進行《易》、《老子》中哲學問題的討論。王弼注《老子》。

魏正始六年（245年）

(1)阮籍三十六歲。應徵做尙書郎，不久以病辭。

(2)魏刻石經《春秋》、《尙書》、《左傳》等，共三十五碑。魏帝令以王朗所注《易傳》課士。魏帝令司馬懿乘輿上殿。何晏、夏侯玄、荀粲、王弼等淸談，玄風日盛。

(3)山濤爲郡官。

魏正始七年（246年）

(1)阮籍三十七歲。約在此時作〈通易論〉。

(2)蜀漢以姜維與費禕並錄尙書事。

(3)傅嘏、鍾會、王廣、李豐圍繞才性關係發生辯論，事後鍾會將爭論內容整理成書，後稱「才性四本論」。

魏正始八年（247年）

(1)阮籍三十八歲。曹爽召其爲參軍，作書〈奏記詣曹爽〉，拒不赴任，以疾辭官。召山濤亦未應。

(2)曹爽用何晏、鄧颺、丁謐之謀，遷太后於永寧宮，專擅朝政，屢改制度。太傅司馬懿不能禁，與爽有隙，懿稱疾不與政事。爽兄弟數俱出遊，懿陰與其子中護軍師、散騎常侍昭謀誅曹爽。

(3)雍、涼羌胡附蜀漢反魏，姜維出隴右應之。

(4)王弼在何晏的提攜下官至尙書郎。

魏正始九年（248年）

(1)阮籍三十九歲。復爲尙書郎。與年十五的王戎爲忘年交。秋作〈達莊論〉，又過辭官隱居生活。此時，「竹林七賢」均未在仕途，常遊於嵇康家鄉河內郡山陽縣，對曹爽與司馬懿兩大政治集團的爭鬥，持觀望態度，形成退隱淸談風氣。

(2)司馬氏集團謀誅曹爽。

(3)十二月，何晏與管輅談論「《易》九事」。王弼向曹爽談玄理。

魏正始十年，魏嘉平元年（249年）

(1)阮籍四十歲。爲曹爽被誅事作〈詠懷詩〉第三首。時人謂其前年辭官深具遠識。司馬懿召阮籍爲太傅從事中郎，秩千石，官六品。

(2)司馬懿以罪殺曹爽、何晏及其黨羽，皆夷三族。

(3)玄學名士王弼病卒。

魏嘉平二年（250年）

(1)阮籍四十一歲。

(2)十二月，魏將王昶等分道攻吳。

(3)蜀漢姜維攻魏。

魏嘉平三年（251年）

(1)阮籍四十二歲。約在此時作〈鳩賦〉。

(2)四月，魏王淩謀立楚王彪，司馬懿覺察，殺之。置魏諸王公於鄴，使人監守，不得與人交往。八月，司馬懿死，其子師爲撫軍大將軍，錄尚書事。

(3)十二月，吳命諸葛恪以大將軍領太子太傅，主國政。

魏嘉平四年（252年）

(1)阮籍四十三歲。司馬師召阮籍爲大司馬從事中郎。竹林名士山濤、王戎亦先後入仕於司馬師。

(2)正月，司馬師爲魏大將軍，鍾會謁見司馬師。

(3)四月，吳大帝孫權死，子亮嗣，改元建興。十一月，魏三路攻吳，爲諸葛恪所敗。

魏嘉平五年（253年）

(1)阮籍四十四歲。

(2)魏降將郭修刺殺蜀漢大將軍費禕。吳諸葛恪發兵攻魏。蜀姜維攻魏無功而退。十月，吳孫峻等殺諸葛恪，夷三族，峻爲丞相。

(3)嵇康三十一歲生子嵇紹。鍾會攜〈四本論〉訪嵇康，遭冷遇。向秀與嵇康、呂安等過從甚密。

魏嘉平六年，魏正元元年（254年）

(1)阮籍四十五歲。在大將軍府作〈首陽山賦〉，司馬師廢齊王曹芳時，阮籍作〈詠懷詩〉其十一首記此事。曹髦爲帝，封阮籍爲關內侯，徙散騎常侍，成爲皇帝的屬官。亦封鍾會爲關內侯。約此年阮籍大醉六十日，婉拒司馬昭爲其子炎向阮的女兒求婚。

(2)二月，司馬師殺名士李豐、中書令李韜、太常夏侯玄、皇后父張緝、黃門監蘇鑠、永寧宮令樂敦、見從僕射劉賢，皆夷三族。九月，廢魏帝爲齊王。十月，立高貴鄉公曹髦爲帝，改元正元，司馬師爲相國，進大都督，假黃鉞，劍履上殿，封司馬昭爲高都侯。

魏正元二年（255年）

⑴阮籍四十六歲。司馬昭繼大將軍位時，阮籍求任東平相，旬日而還，作〈東平賦〉。又任從事中郎，成爲大將軍司馬昭的屬官。

⑵正月，魏揚州刺史文欽、鎭東將軍毋丘儉起兵壽春，討司馬師。兵敗，欽奔吳，儉死，夷三族。壽春城中十餘萬口懼誅，或流迸山澤，或散入吳。二月，司馬師死，其弟昭爲大將軍，錄尚書事。

⑶王昶爲驃騎將軍，山濤爲其從事中郎。

魏正元三年，魏甘露元年（256年）

⑴阮籍四十七歲。求爲步兵校尉，秩比二千石，第四品，爲中央政府官職。約在此時奉司馬昭命赴汲郡北山往觀孫登，返後作〈大人先生傳〉。約是年遭母喪，不拘常禮，爲何曾攻訐，司馬昭庇護之。朝野名士弔唁，嵇康曾至洛陽弔喪。

⑵六月，魏改元甘露。七月，魏將鄧艾大破蜀將姜維。八月，司馬昭進號大都督，劍履上殿，假黃鉞。曹髦幸太學，問諸儒《易》、《書》、《禮記》之義並講論，隱有反對司馬氏的內容。

⑶經學家王肅卒。

魏甘露二年（257年）

⑴阮籍四十八歲。

⑵五月，魏征東大將軍諸葛誕稱臣於吳，據壽春。七月，魏圍壽春，吳孫綝發兵救諸葛誕，屢敗。

魏甘露三年，吳永安元年（258年）

⑴阮籍四十九歲。

⑵司馬昭用黃門侍郎鍾會計破壽春，殺諸葛誕。

⑶吳孫綝廢吳帝爲會稽王。十月，立琅玡王休爲景帝，改元永安，以綝爲丞相。十二月，景帝誅綝。吳置學官，立五經博士，令將吏子弟受業。

⑷嵇康三十六歲，因與前毋丘儉起兵事有牽連，又未應司馬昭辟召，避居河東。約此時從孫登遊於蘇門山一帶。

⑸魏帝詔司馬昭爲相國，封晉公，加九錫，昭九讓暫止。王昶爲司空。

魏甘露四年（259年）

⑴阮籍五十歲。

⑵王昶卒。

魏甘露五年，景元元年（260年）

⑴阮籍五十一歲。作〈詠懷詩〉七其寓廢帝事。

⑵魏帝髦討司馬昭，被其部將成濟殺。昭追廢魏帝爲庶人。六月，立常道鄉公璜，更名奐，改元景元。

⑶嵇康自河東還山陽，曾在洛陽太學寫石經古文異事。

魏景元二年（261年）

⑴阮籍五十二歲。爲司空鄭沖等撰寫勸司馬昭受九錫文〈勸晉王牋〉。

⑵司馬昭進位相國，公卿將校勸進爲晉公。

⑶山濤由吏部郎遷散騎常侍，舉嵇康任其原職。嵇康作〈與山巨源絕交書〉，在政治上公開反司馬昭。

魏景元三年（262年）

⑴阮籍五十三歲。

⑵嵇康爲呂安被誣不孝事繫獄，作〈幽憤詩〉。司馬昭殺嵇康，太學生數千人請爲師，冀免其死，未果。

⑶魏以鍾會都督關中諸軍事。

魏景元四年（263年）

⑴阮籍五十四歲。作〈薦盧播書〉。冬，卒。

⑵八月，魏將鍾會、鄧艾率兵分道攻蜀漢。十月，吳以蜀漢告急而攻魏。十二月，魏鄧艾至成都，劉禪降，敕姜維降於鍾會，蜀漢亡。

⑶司馬昭受晉公、加九錫之封。

魏景元五年，咸熙元年（264年）

⑴司馬昭爲晉王。五月，改元咸熙。

⑵魏命中撫軍司馬炎副貳相國事。

魏咸熙二年，晉泰始元年（265年）

⑴八月，司馬昭死，子炎襲爵嗣位。

⑵十二月，司馬炎迫魏帝曹奐禪位，廢爲陳留王，易魏爲晉，改元泰始，是爲晉武帝。

⑶晉初置諫官，以散騎常侍傅玄等爲之。玄請崇禮教，退虛誕，以肅士風。

索　引

二畫

三畫

四畫

五畫

六畫

七畫

八畫

九畫

十畫

十一畫

十二畫

十三畫

十四畫

十五畫

十六畫

十七畫

十八畫

十九畫

二十畫

二十一畫

二十三畫

二十四畫

後　記

記得小時候，父母教我讀《三字經》，其中有句「揚名聲、顯父母」，今日方知此並非單純的榮耀門庭之意，裏面有著千萬分的感激和孝順，然而這樣仍不足以「寸草之心」報償「三春之暉」。對成家立業的男人來說，要偏重事業，往往還要「連累家小」。這本書能順利在五月底前結稿，我要特別感謝我的父母和妻兒。

父母操勞一生，如今退休在家，仍關心我的研究與寫作，或去圖書館查資料、借書刊，或幫助我謄抄文章，他們原有自己的專業，退休後也有自己的愛好，但仍如當年撫育我一樣，時時牽掛我學問的長進，這令我在下筆中時時感到有他們的殷殷期望。

妻子張琳除了有自己的工作（廣播電臺的記者），每天還忙於家務，指教孩子功課，辛勞至極，她的願望是讓我安心地將那些盤旋於腦海中的思緒能在紙上凝結成文字。她還是我著作的第一位讀者，間或對當中的詞句做些修改。小女兒格非總說，對爸爸的印象就是坐在桌前寫呀寫呀！常常是在我筆耕疲癒之時，她靜悄悄地站在書桌旁，小手端著一杯茶或一盤水果送過來，有時也調皮地讓她心愛的玩具恐龍在我的書稿上走幾步。家人爲我分擔的辛勞使我常常自省，不敢有絲毫的懈怠。

今天這本書總算付梓出版了，父母是不會通篇研究本書的學術價值的。妻子女兒或許還得等一段時光才會讀它。我知道他們都不會特別在意我的感激，但我還是要寫下來，這種心情會持續得很久、很久……。

世界哲學家叢書（一）

書名	作者	出版狀況
孔子	韋政通	撰稿中
孟子	黃俊傑	已出版
荀子	趙士林	撰稿中
老子	劉笑敢	撰稿中
莊子	吳光明	已出版
墨子	王讚源	排印中
公孫龍子	馮耀明	撰稿中
韓非子	李甦平	撰稿中
淮南子	李增	已出版
董仲舒	韋政通	已出版
揚雄	陳福濱	已出版
王充	林麗雪	已出版
王弼	林麗真	已出版
郭象	湯一介	撰稿中
阮籍	辛旗	已出版
嵇康	莊萬壽	撰稿中
劉勰	劉綱紀	已出版
周敦頤	陳郁夫	已出版
邵雍	趙玲玲	撰稿中
張載	黃秀璣	已出版
李覯	謝善元	已出版
楊簡	鄭曉江 李承貴	排印中
王安石	王明蓀	已出版
程顥、程頤	李日章	已出版
胡宏	王立新	已出版

世界哲學家叢書（二）

書名	作者	出版狀況
朱熹	陳榮捷	已出版
陸象山	曾春海	已出版
陳白沙	姜允明	撰稿中
王廷相	葛榮晉	已出版
王陽明	秦家懿	已出版
李卓吾	劉季倫	撰稿中
方以智	劉君燦	已出版
朱舜水	李甦平	已出版
王船山	張立文	撰稿中
真德秀	朱榮貴	撰稿中
劉蕺山	張永儁	撰稿中
黃宗羲	吳光	撰稿中
顧炎武	葛榮晉	撰稿中
顏元	楊慧傑	撰稿中
戴震	張立文	已出版
竺道生	陳沛然	已出版
真諦	孫富支	撰稿中
慧遠	區結成	已出版
僧肇	李潤生	已出版
智顗	霍韜晦	撰稿中
吉藏	楊惠南	已出版
玄奘	馬少雄	撰稿中
法藏	方立天	已出版
惠能	楊惠南	已出版
澄觀	方立天	撰稿中

世界哲學家叢書(三)

書名	作者	出版狀況
宗密	冉雲華	已出版
永明延壽	冉雲華	撰稿中
湛然	賴永海	已出版
知禮	釋慧岳	已出版
大慧宗杲	林義正	撰稿中
袾宏	于君方	撰稿中
憨山德清	江燦騰	撰稿中
智旭	熊琬	撰稿中
嚴復	王中江	撰稿中
康有為	汪榮祖	撰稿中
譚嗣同	包遵信	撰稿中
章太炎	姜義華	已出版
熊十力	景海峰	已出版
梁漱溟	王宗昱	已出版
胡適	耿雲志	撰稿中
殷海光	章清	排印中
金岳霖	胡軍	已出版
張東蓀	張耀南	撰稿中
馮友蘭	殷鼎	已出版
唐君毅	劉國強	撰稿中
牟宗三	鄭家棟	撰稿中
宗白華	葉朗	撰稿中
湯用彤	孫尚揚	已出版
賀麟	張學智	已出版
印順	林朝成 陳水淵	撰稿中

世界哲學家叢書（四）

書名	作者	出版狀況
龍樹	萬金川	撰稿中
世親	釋依昱	撰稿中
商羯羅	黃心川	撰稿中
維韋卡南達	馬小鶴	撰稿中
泰戈爾	宮静	已出版
奥羅賓多・高士	朱明忠	已出版
甘地	馬小鶴	已出版
尼赫魯	朱明忠	撰稿中
拉達克里希南	宮静	排印中
元曉	李箕永	撰稿中
休静	金煐泰	撰稿中
知訥	韓基斗	撰稿中
李栗谷	宋錫球	已出版
李退溪	尹絲淳	撰稿中
空海	魏常海	已出版
道元	傅偉勳	已出版
伊藤仁齋	田原剛	撰稿中
山鹿素行	劉梅琴	已出版
山崎闇齋	岡田武彦	已出版
三宅尚齋	海老田輝巳	已出版
中江藤樹	木村光德	撰稿中
貝原益軒	岡田武彦	已出版
荻生徂徠	劉梅琴	撰稿中
安藤昌益	王守華	撰稿中
富永仲基	陶德民	撰稿中

世界哲學家叢書（五）

書名	作者	出版狀況
石田梅岩	李甦平	撰稿中
楠本端山	岡田武彦	已出版
吉田松陰	山口宗之	已出版
福澤諭吉	卞崇道	撰稿中
岡倉天心	魏常海	撰稿中
中江兆民	畢小輝	撰稿中
西田幾多郎	廖仁義	撰稿中
和辻哲郎	王中田	撰稿中
三木清	卞崇道	撰稿中
柳田謙十郎	趙乃章	撰稿中
柏拉圖	傅佩榮	撰稿中
亞里斯多德	曾仰如	已出版
伊壁鳩魯	楊適	排印中
愛比克泰德	楊適	撰稿中
柏羅丁	趙敦華	撰稿中
聖奧古斯丁	黃維潤	撰稿中
安瑟倫	趙敦華	撰稿中
安薩里	華濤	撰稿中
伊本・赫勒敦	馬小鶴	已出版
聖多瑪斯	黃美貞	撰稿中
尼古拉・庫薩	李秋零	排印中
笛卡兒	孫振青	已出版
蒙田	郭宏安	撰稿中
斯賓諾莎	洪漢鼎	已出版
萊布尼茨	陳修齋	已出版

世界哲學家叢書（六）

書名	作者	出版狀況
牛頓	吳以義	撰稿中
培根	余麗嫦	撰稿中
托馬斯·霍布斯	余麗嫦	已出版
洛克	謝啓武	排印中
巴克萊	蔡信安	已出版
休謨	李瑞全	已出版
托馬斯·銳德	倪培林	撰稿中
梅里葉	李鳳鳴	撰稿中
狄德羅	李鳳鳴	撰稿中
伏爾泰	李鳳鳴	已出版
孟德斯鳩	侯鴻勳	已出版
盧梭	江金太	撰稿中
帕斯卡	吳國盛	撰稿中
達爾文	王道遠	撰稿中
施萊爾馬赫	鄧安慶	撰稿中
康德	關子尹	撰稿中
費希特	洪漢鼎	已出版
謝林	鄧安慶	已出版
黑格爾	徐文瑞	撰稿中
叔本華	鄧安慶	撰稿中
祁克果	陳俊輝	已出版
尼采	商戈令	撰稿中
彭加勒	李醒民	已出版
馬赫	李醒民	已出版
迪昂	李醒民	排印中

世界哲學家叢書（七）

書名	作者	出版狀況
費爾巴哈	周文彬	撰稿中
恩格斯	李步樓	排印中
馬克斯	洪鎌德	撰稿中
普列哈諾夫	武雅琴	撰稿中
約翰彌爾	張明貴	已出版
狄爾泰	張旺山	已出版
弗洛伊德	陳小文	已出版
阿德勒	韓水法	撰稿中
史賓格勒	商戈令	已出版
布倫坦諾	李河	撰稿中
韋伯	韓水法	撰稿中
卡西勒	江日新	撰稿中
沙特	杜小真	撰稿中
雅斯培	黃藿	已出版
胡塞爾	蔡美麗	已出版
馬克斯・謝勒	江日新	已出版
海德格	項退結	已出版
阿倫特	尚新建	撰稿中
高達美	嚴平	排印中
漢娜鄂蘭	蔡英文	撰稿中
盧卡契	謝勝義	撰稿中
阿多爾諾	章國鋒	撰稿中
馬爾庫斯	鄭湧	撰稿中
弗洛姆	姚介厚	撰稿中
哈伯馬斯	李英明	已出版

世界哲學家叢書(八)

書名	作者	出版狀況
榮格	劉耀中	已出版
柏格森	尚建新	撰稿中
皮亞傑	杜麗燕	已出版
別爾嘉耶夫	雷永生	撰稿中
索洛維約夫	徐鳳林	已出版
馬賽爾	陸達誠	已出版
馬利丹	楊世雄	撰稿中
梅露・彭迪	岑溢成	撰稿中
阿爾都塞	徐崇溫	撰稿中
葛蘭西	李超杰	撰稿中
列維納	葉秀山	撰稿中
德希達	張正平	撰稿中
呂格爾	沈清松	撰稿中
富科	于奇智	撰稿中
克羅齊	劉綱紀	撰稿中
布拉德雷	張家龍	撰稿中
懷特海	陳奎德	已出版
愛因斯坦	李醒民	撰稿中
玻爾	戈革	已出版
卡納普	林正弘	撰稿中
卡爾・巴柏	莊文瑞	撰稿中
坎培爾	冀建中	撰稿中
羅素	陳奇偉	撰稿中
穆爾	楊樹同	撰稿中
弗雷格	王路	已出版

世界哲學家叢書（九）

書名	作者	出版狀況
石里克	韓林合	已出版
維根斯坦	范光棣	已出版
艾耶爾	張家龍	已出版
賴爾	劉建榮	撰稿中
奧斯丁	劉福增	已出版
史陶生	謝仲明	撰稿中
馮·賴特	陳波	撰稿中
帕爾費特	戴華	撰稿中
梭羅	張祥龍	撰稿中
愛默生	陳波	撰稿中
魯一士	黃秀璣	已出版
珀爾斯	朱建民	撰稿中
詹姆斯	朱建民	撰稿中
杜威	葉新雲	撰稿中
蒯因	陳波	已出版
帕特南	張尚水	撰稿中
庫恩	吳以義	排印中
費耶若本	苑舉正	撰稿中
拉卡托斯	胡新和	撰稿中
洛爾斯	石元康	已出版
諾錫克	石元康	撰稿中
海耶克	陳奎德	撰稿中
羅蒂	范進	撰稿中
喬姆斯基	韓林合	排印中
馬克弗森	許國賢	已出版

世界哲學家叢書(十)

書名	作者	出版狀況
希克	劉若韶	撰稿中
尼布爾	卓新平	已出版
默燈	李紹崑	撰稿中
馬丁・布伯	張賢勇	撰稿中
蒂里希	何光滬	撰稿中
德日進	陳澤民	撰稿中
朋諤斐爾	卓新平	撰稿中